本书的出版得到教育部人文社会科学重点研究基地重庆工商大学长江上游经济研究中心、“三峡库区百万移民安稳致富国家战略”服务国家特殊需求博士人才培养项目、重庆工商大学学术专著出版基金资助、重庆市教委科学技术研究项目（KJQN202000833）资助、重庆工商大学科学研究项目（1952008，1855025）资助。

DYNAMIC INVESTMENT DECISIONS BASED ON THE AGENTS' TIME-INCONSISTENCY PREFERENCES

基于代理人时间不一致偏好的动态投资决策

杨叶红／著

中国财经出版传媒集团
经济科学出版社
Economic Science Press

图书在版编目（CIP）数据

基于代理人时间不一致偏好的动态投资决策／杨叶红著．—北京：经济科学出版社，2021.1
ISBN 978－7－5218－2314－1

Ⅰ．①基…　Ⅱ．①杨…　Ⅲ．①企业－投资决策－研究
Ⅳ．①F275.1

中国版本图书馆 CIP 数据核字（2021）第 013720 号

责任编辑：李　军　谭志军
责任校对：王肖楠
责任印制：范　艳

基于代理人时间不一致偏好的动态投资决策
杨叶红　著
经济科学出版社出版、发行　新华书店经销
社址：北京市海淀区阜成路甲 28 号　邮编：100142
总编部电话：010－88191217　发行部电话：010－88191522
网址：www.esp.com.cn
电子邮箱：esp@esp.com.cn
天猫网店：经济科学出版社旗舰店
网址：http://jjkxcbs.tmall.com
固安华明印业有限公司印装
710×1000　16 开　8.25 印张　120000 字
2021 年 1 月第 1 版　2021 年 1 月第 1 次印刷
ISBN 978－7－5218－2314－1　定价：38.00 元
（图书出现印装问题，本社负责调换。电话：010－88191510）

前　言

在不确定性框架下，传统经济学假设投资决策者具有时间一致性偏好，即不管在什么情况下决策者的偏好依然和最初一样。虽然这种假设简便且易于计算，但是它忽视了分析心理学原因对时间偏好的影响。然而，大量的研究表明决策者经常具有时间不一致性偏好（又称有偏见的偏好），这种偏好强调了当前偏好和未来偏好之间的冲突。在行为金融学中，时间偏好的不一致性不仅可用于解释市场“异常行为”现象，还可以为行为金融学的应用研究领域提供广阔的视野。因此，探索决策者的时间不一致性偏好对公司决策的影响是很有必要的。从实际应用的角度看，采用实物期权理论对时间不一致性偏好与企业投资决策关系的深入研究具有理论价值和实际意义。

本书首先介绍了实物期权理论、时间不一致性偏好理论及相关的数理理论基础，主要包括布朗运动、跳跃过程、动态规划、或有债权分析、拟双曲贴现模型等。本书采用拟双曲贴现函数描绘时间不一致性偏好行为，把代理人的时间不一致性偏好与实物期权、随机过程、动态规划等理论相结合，研究代理人的时间不一致性偏好如何影响企业的最优投融资策略、最优股利支付策略、最优动态代理问题，以及这些最优策略与时间不一致性偏好程度的关系。这些研究为企业治理提供了新视角。

其次，本书把代理人的时间不一致性偏好扩展到投资 Q 理论模型中，研究公司的最优投资和股利策略。本部分内容分别考虑了融资约束的公司在清算、外部融资、信用额度和动态对冲四种情况下，代理人的时间不一致性偏好对最优投资、融资、股利等策略的影响。研究结果发现，与时间一致性偏好的代理人相比，时间不一致性偏好的代理人：倾向于更早地支付更低的股利给股东且外部融资量更少，导致公司的现金持有量更少；在现金持有量较高时减少投资，在现金持有量较低时减少资产出售；倾向于更早停止使用股指期货对冲现金流管理风险。

再次，针对外部宏观经济环境变化，本书将代理人的时间不一致性偏好增加到经济环境转换下的动态 Q 理论投资模型中，进一步研究在经济环境转换下代理人的时间不一致性偏好对公司最优投融资和股利支付决策产生的具体影响。研究结果发现，随着时间不一致性偏好程度增加，无论在良好的市场环境中还是在金融危机中，时间不一致性偏好的代理人倾向于更早支付股利，且公司单次外部融资量更低；尤其在良好的市场环境中时间不一致性偏好的代理人倾向于提前执行融资策略。这表明在经济环境转换条件下，企业的外部融资和股利支付决策高度依赖于代理人的时间不一致性偏好程度。

最后，针对企业中委托代理问题，本书把代理人的时间不一致性偏好与连续时间委托—代理模型相结合，研究代理人的时间不一致性偏好对最优契约和投资策略产生的影响。研究结果发现：当企业的财务约束越宽松时，代理人的时间不一致性偏好程度越高，委托人收益和企业投资越低；当企业的财务约束越紧张时，委托人收益和企业投资受时间不一致性偏好的影响越弱；代理人的时间不一致性偏好程度与最优薪酬支付边界呈正相关关系，与代理人的初始薪酬呈负相关关系。

通过本书的研究表明公司决策（包括投资、现金持有量、股利、外部融资和风险管理策略等）高度依赖于代理人的时间不一致性偏好程度。同时，代理人的时间不一致性偏好降低了公司的预防性储蓄，间接引起企业资金链断裂和清算的可能性增加；尤其是在金融危机中，预防性储蓄较低大大增加了企业破产的概率。同时，本书从代理人时间不一致性偏好的新视角诠释了企业投资不足、企业价值损失以及资金链断裂等现象。

本书的出版得到教育部人文社会科学重点研究基地重庆工商大学长江上游经济研究中心、“三峡库区百万移民安稳致富国家战略”服务国家特殊需求博士人才培养项目、重庆工商大学学术专著出版基金资助、重庆市教委科学技术研究项目（KJQN202000833）资助、重庆工商大学科学研究项目（1952008，1855025）资助。

由于作者水平有限，对本书中存在的不足之处，敬请读者提出宝贵意见和建议。

杨叶红

2020 年 11 月于重庆

目 录

第1章

绪 论

自从无套利均衡假设在金融市场中被提出后，金融学就成为不同于经济学的独立学科。随后，无套利均衡原理被应用于研究资产定价问题，标志着金融学已经成为一门可以计算的学科。金融学的研究内容非常丰富，不但涉及金融理论、保险理论、信托理论，还涉及各国金融政策、金融体制等。金融学的核心研究问题是：研究如何在资本市场不确定的条件下利用随机过程理论对资本进行最优跨期配置的理论体系。

目前，金融学的分类主要是微观金融学、宏观金融学及其交叉学科。微观金融学的主要研究方向是公司投资和证券市场等微观结构。而宏观金融学是以资产定价理论为基础，对微观金融学的延伸，包括证券投资、公司金融、金融市场、金融中介机构等。随着社会分工细化，交叉学科成为突出现象，目前与金融相关性最强的交叉学科主要有：由金融学和数学、统计、工程等学科交叉而成的“金融工程学”，随着金融工程学的迅速发展和各学科的相互渗透，各种自然科学的前沿理论和最新工程技术，如混沌理论、小波理论、复杂系统理论、人工智能技术（包括知识工程、专家系统和人工神经网络等）、模拟退火方法等都已经或正在成为金融工程的重要理论与实践工具；由金融学、生物学等学科交叉而成的“演化金融学”，是演化经济学与金融学的交叉研究范式，其研究对象是金融市场上投资策略之间交互作用的动态过程，目的在于借鉴生物进化的思想，增进人们对金融市场动态特性的前因后果的理解，它的理论基石是进化、突变和复制；由金融学、心理学等学科交叉形成的“行为金融学”，从微观个体行为、产生这种行为的心理等动因来解释、研究和预测金融市场的发展，通过分析金融市场主体在市场行为中的偏差和反常，寻求不同市场主体在不同环境下的经营理念及决策行为特征，力求建立一种能正确反映市场主体实际决策行为和市场运行状况的描述性模型。

从研究理论方面来说，现代金融学的主要研究理论有：马科维（Markowi）于 1952 年提出的投资组合选择理论；莫迪里亚尼和米勒（Modigliani and Miller）于1958 年提出关于公司金融的经典理论——公司资本结构与市场价值不相干理论（即 MM 理论）；1964 年夏普（Sharpe）、1965 年林特纳（Lintner）及 1966 年莫森（Mossin）发展起来的资本资产定价理论；1965 年法玛（Fama）提出的有效市场理论；1973 年由布莱克和斯科尔斯（Black and Scholes）以及默顿（Merton）发展起来的期权定价理论；1976 年罗斯（Ross）提出的套利定价理论。从研究的选题角度来说，现代金融学的研究通常可以从以下几个角度出发：市场效率分析（刘力，1999；毛新述，2013）、收益和风险分析（林孝贵，2004）、金融机构分析（林毅夫，2001）、家庭和企业行为分析（李通屏，2015）。近年来，受众多研究者关注的三大金融学问题是跨期消费与投资组合最优化问题（袁宁，2009）、资产价值评估问题（程凤朝，2013）和风险管理问题（余迪，2012）。总之，从数学理论的角度来说，消费与投资组合、资产定价及风险管理都可以视为金融市场不确定条件下随机最优控制问题。

本书涉及的主要理论是行为金融学理论，它是由金融学、心理学、人类学等学科相结合的综合学科，并试图挖掘出金融市场中存在的决策规律和非理性行为。自从 1979 年，普林斯顿大学心理学教授丹尼尔·卡纳曼（Daniel Kahneman）等《期望理论：风险状态下的决策分析》一文的发表，为行为金融学的发展奠定了基础。此后，行为金融学领域吸引了很多研究者的关注。但是，至今为止，对行为金融学研究的理论模型依然不多，并且对市场“异常行为”和认知偏差的定性描述仍然较少。

1.1 研究背景

1.1.1 实物期权理论

近年来，投资者虽然在金融市场投资活动中获得了较高的收益，但是也面临着较大的风险，这种风险使投资者受到更大的损失。当然，风险越高，引发的金融危机越频繁、持续的时间越长、涉及的范围越广、损失也越大。例如，1997 年亚洲很多大型企业宣布破产、较多工人面临失业、整个社会的经济迅速衰败等现象都是由亚洲金融危机导致（Corsetti，1999）；1998 年，由获得诺贝尔奖的经济学专家罗伯特·默顿（Robert Merton）和迈伦·斯科尔斯（Myron Scholes）指导的美国长期资本管理公司的交易战术和市场出现很大的差异，造成巨大亏损最终被收购；2008 年，由于美国的次级债券危机导致全球面临金融危机；2011 年美国次级按揭贷款引发的全球性金融危机。此后，研究者、政府及企业代理人在几次金融危机中更清楚地认识到，金融是经济的中心，金融危机不但会阻挡整个行业的正常运营，而且会使实体经济陷入较大的困境。这给人们的警示是，企业在任何时候都会面临大量的来自外部融资环境的不确定性（Ivashina，2010；Chodorow，2014）。

金融危机产生的一个重要原因是金融机构的风险管理和资产定价存在一些缺陷。金融机构可以通过创新设计大量复杂的理财产品来实现高利润，却难以准确估计金融机构的风险，以及难以严格控制风险。高杠杆、高风险是金融机构在风险管理上存在的巨大缺陷。例如，在金融市场发生危机或金融市场出现高涨时，若仍然按照市值计价的准则对资产价值进行评估，则会出现资产价值严重低估或高估的现象，最终导致财务报表失真（Campello，2010）。金融危机的存在说明市场不是有效的，当然也不是稳定的。

金融机构在对资产进行风险管理时，经常用到的、最重要的风险管理技术是 Black-Scholes-Merton（B-S-M）期权定价理论（杨屹，2004）。但完备市场的假设在实际中是最理想的金融市场，因此 B-S-M 价格经常与实际存在严重偏差，它只能作为公司的参考价格。金融市场需要更完整的、更符合实际的风险管理技术和资产定价理论。当然，这种资产定价理论和风险管理技术远远超出了宏观金融学的研究方法，因此需要更强大的数学工具。金融市场的不确定性已经让很多研究者意识到，数学是研究金融学不可缺少的关键技术。近年来，越来越多从事数学和物理理论研究的有识之士转向对金融学的研究，并获得比较杰出的研究成果（黄守军，2016）。其中，随机最优控制理论是研究金融市场风险控制的最有效、最重要的数学工具。

1977 年迈尔斯（Myers，1977）初次提到实物期权的概念，他指出，当前企业所拥有资产的使用加上一个对未来投资机会的选择，就是由一个投资方案产生的现金流所创造的利润。换言之，企业可以获得一个权利，即在将来以一定价格获得或者卖出一项实物资产或投资方案，因此对实物资产的投资进行评估所用的方法可以与一般期权的评估方法相似。在实物资产中具有期权性质的权利（Cucchiella，2006；Kang，2016）被称为实物期权，实物期权的性质是标的物为实物资产。

最初用金融期权理论来审视战略投资的想法源于 1998 年鲁尔曼刊登在哈佛商业评论上的两篇文章“Investment Opportunities as Real Options：Getting Started on the Numbers[①]”及“Strategy as a Portfolio of Real Options[②]”（Luehrman，1998），在后一篇文章中，鲁尔曼指出，从金融学的角度来看，企业的投资更像是一系列的期权。实物期权隐含在项目期权价值大小不一的投资项目中，这是实物期权比较明显的特点，而且项目期权的价值随着项目不确定性的增大而增大（Trigeorgis，2017）。

实物期权理论是在金融期权理论的基础上发展起来的，实物期权拓展并延伸了传统金融期权的理论和思想。实物期权的出现，使得期权定价理

---

① Luehrman T A. Investment Opportunities As Real Options：Getting Started on the Numbers［J］. Harvard Business Review，1998，76（4）：51－60.

② Luehrman T A. Strategy as a Portfolio of Real Options［J］. Harvard Business Review，1998，76（5）：89－101.

论广泛渗透企业、个人和政府的各项经济活动中。最早使用实物期权理论评估项目的投资行为出现在与环境相关的文献中。例如，伟伯罗德（Weisbrod，1964）、阿罗和费希尔（Arrow and Fisher，1974）以及亨利（Henry，1974）利用实物期权理论分析与环境相关的项目的投资决策行为，这种项目具有不可逆、不可恢复的特点。随后，由于受到 Black-Scholes-Merton 金融期权定价理论的影响，大多数研究者开始用实物期权方法来研究实物投资问题（Klingebiel，2015；Gordon，2015；Damaraju，2015；胡援成，2002；Décamps，2017；He，2016），期望通过实物期权方法挖掘出导致公司投资决策不确定的影响因素和企业战略性相互作用的因素，从而制定公司的最优投资策略。例如，特里杰奥吉斯和鲁尔（Trigeorgis and Reuer，2017）通过实物期权理论提出关于公司的战略管理研究策略，他们研究了在代理人面临类似企业的竞争时，如何运用实物期权理论灵活解决企业的战略管理问题；梅洛和帕森斯（Mello and Parsons，1992）在企业具有债务代理成本的条件下，研究企业的投资决策问题；利兰（Leland，1998）研究公司的最优资本结构、风险管理、代理成本等问题；杨金强和杨招军（2011）通过最优随机控制和实物期权方法，建立具有自由边界条件的偏微分方程，研究在部分信息下消费效用无限期时的最优投资消费问题；王雪荣和李晴蕙（2016）在研究关于电信牌照类的投资策略时，利用实物期权方法建立无形资产的价值分析框架，并用实证研究方法对中国移动 4G 牌照进行详细分析。这些研究表明，实物期权理论在研究资产价值时，可以很好地弥补资产价值出现漏损的缺陷，更全面、客观地反映资产的投资价值，并为企业的投资决策提供更有效的理论支持。

实物期权方法把金融市场理论用于研究企业内部的战略投资决策。在金融市场不确定的条件下，实物期权方法在企业做出战略决策调整的过程中具有非常显著的作用。每个企业都是在不同的投资组合中寻找适合企业自身的实物期权，并对其进行运作和管理，最终为股东创造更多的价值。实物期权方法通过金融期权理论，对企业定量地制定动态管理方法，把企业的不确定性转变为企业的优势。

1.1.2 时间不一致性偏好

在跨期选择中，决策者通过专业的知识和过去的生活经验比较各种方案的效益，从中选择最符合自己利益的一种方案。因此，如何选择恰当的贴现函数来抵消损益的时间属性是一个比较关键的问题。决策者当前偏好大于将来偏好的现象，被称为“时间偏好”（约翰·伊特韦尔，1996）。时间偏好通常用贴现率表示，贴现率是指当前消费与未来消费的边际替代率，是跨期决策的一个最重要的变量。事实上，时间偏好常常用贴现模型来模拟，这种方法被广泛用于制定投资决策、消费策略等方案中。行为金融学的发展颠覆了理性经济人的假设，主要表现在两个方面：一方面，在风险偏好理论中，行为金融学逐渐替代新古典标准金融学，也就是逐渐覆盖期望效用理论；另一方面，在时间偏好理论中，新古典时间偏好一致性理论逐渐由行为金融学中时间偏好不一致性理论替换，此外，时间偏好一致性理论也面临很多金融市场中“异常行为”的挑战。

决策者在跨期选择中常常会面临对不同时点的效用或现金流进行选择，这时决策者要对这种不同时点的效用或现金流进行评估。决策者的这种时间偏好，传统的模拟方法是用一个固定的常数贴现率把未来时刻的效用或现金流贴现到当前时刻。萨缪尔森（Samuelson，1937）开创性地将心理因素模拟为一个时间不变的贴现率并提出贴现效用模型（DU-Model），即人们的时间偏好一致。也就是说，采用这个贴现效用模型，则不管决策者比较的两个不同时点的效用或现金流处在时间轴的什么位置，两者之间的时间偏好始终保持一致。即使两个时点的效用或现金流提前或延迟一样长的时间，决策者在这两个时点的时间偏好依然保持一致。

但是，自 20 世纪 80 年代以后，行为金融学家的研究指出，决策者对未来不同时期的偏好随时间推移呈递减趋势，即决策者的贴现率随着时间的改变而变化。1981 年，泰雷（Thale，1981）在实验中要求测试人员写出目前的 15 美元，分别相当于一个月、一年、十年后的多少钱。测试人员的答案的平均金额分别是 20 美元、50 美元、100 美元，这个测试结果的复合贴现率分别为 345%、120% 和 19%。从这个测试结果可以看出贴现率不同且随时间呈下降趋势。随后，1989 年本塞恩等（Benzion et al，1989）通过类似的实验不仅证明了贴现率是递减的，而且下降的贴现率使人们的实际计划与原计划之间存在较大差距，也就是说，后期实际执行的方案与前期制定的方案不同，这表明人们的时间偏好发生逆转。1995 年，克伦和罗洛夫斯玛（Keren and Roelofsma，1995）也通过类似的实验证明时间偏好逆转的存在。他们的研究结果指出，人们在当前的 100 美元和 4 周后的 110 美元之间权衡时，更倾向于选择前者；但是在 26 周后的 100 美元和 30 周后的 110 美元之间权衡时，更倾向于选择后者。两个选择的时间一样间隔 4 周、金额一样相差 10 美元，唯一不同的是距离当前时刻的时间不同，正是这个原因导致人们在做选择时偏好发生逆转。此外，其他研究者的实验也证明了人们在跨期选择时存在偏好逆转的现象，例如米拉和纳瓦里克（Millar and Navarick，1984）、格林等（Green et al，1994）、柯比和赫恩斯坦（Kirby and Herrnstein，1995）、琼斯和拉齐林（Jones and Rachlin，2009）。贴现率递减和时间偏好逆转的现象都表明人们在跨期选择时偏好是不一致的。

时间偏好的不一致性又称为动态不一致性，主要由四个因素引起人们的时间偏好不一致性，即不耐心递减、有限的意志力、估测偏差、参照点依赖。

（1）不耐心递减。不耐心递减是人类认知过程中的显著特征，是对时间不一致性偏好最好的解释。哈维（Halevy，2004；Halevy，2008）在 2004 年和 2008 年的文献中表明在风险和不确定性条件下，人们的选择与不耐心递减是紧密相关的。随后哈维（Halevy，2015）在 2015 年进一步研究表明，人们在跨期选择时不希望延迟马上可以得到的收益，而总是期望更早地获得收益，表明这种选择偏好的差异主要由时间偏好的不一致性导致。古典经济学家对人们时间偏好的“不耐心”也有简单的描述。例如，雷（Rae，1834）把人们对生命的不安全感和延迟当前消费产生的痛苦视为引起这种不耐心的主要原因；希尼尔（Senior，1836）把推迟当前消费引起的痛苦看作人类最痛苦的一种折磨；因此，博赫姆巴维克（Böhm-Bawerk，1889）研究表明，决策者不愿忍耐这种痛楚而期待更早地获得收益；费舍尔（Fisher，1930）将人们低估未来需求的倾向具体化为“远见”，并将其视为决定人们不耐心程度的首要因素；费舍尔的研究还表明，人们在对自我进行控制时表现出非常不耐心，即假设其他环境一样，视野短浅、意志薄弱、生活经常浪费又自私的人在进行跨期选择时表现得更加不耐心。

随后，斯特罗茨（Strotz，1956）于1956年指出，决策者的远期计划与实际计划相冲突是由决策者自身的“自我控制”问题导致的，这种现象被称为偏好逆转现象。普瑞雷克（Prelec，1989）于1989年认为，由于人们的“远见”问题和未来的不确定性，人们对马上发生的事情预测的准确性较高，而对远期决策的预测准确性相对较弱。由于人们想要规避风险，因此人们倾向于在确定的状态下马上消费，而不愿意等待将来的、未知的、不确定的消费，这使他们表现出对短期选择的不耐心。但是在较长期限内做跨期选择时，增加一天、一个月或一年，人们在选择时表现出的不耐心程度没有多大的差异。这些研究表明，人们在短期内是非常不耐心的，且随着时间的推移，不耐心的程度就逐渐降低。

为了用数学模型模拟人们在跨期选择时出现不耐心递减的现象，许多学者扩展了萨缪尔森（Samuelson，1937）的贴现模型。直到1997年莱伯森（Laibson，1937）对双曲贴现函数的修正，才使人们不耐心递减的现象能较好地通过数学模型定量的模拟出来。修正后的双曲线函数被称为拟双曲线函数（Quasi-hyperbolic function），其函数形式为 $U(t,s) = u_t + \beta\sum_{s=t+1}^{\infty}\delta^{s-t}u_s$，由此可知，决策者在跨期选择中贴现因子的结构为（$1,\beta\delta,\beta\delta^2,\cdots$）。拟双曲贴现函数体现了决策者在跨期选择中的自我控制问题，这里对贴现因子赋予当前效用的权重为1，标准贴现率δ表示时间偏好是一致的，额外贴现因子β表示时间偏好是不一致的。特别地，当$\beta<1$时，拟双曲贴现函数表示在任意的、确定的时间内，决策者在跨期选择“未来”还是“当前”时更偏好于后者。下面说明拟双曲贴现函数具体是怎么对决策者的跨期选择产生影响的。

假设决策者从第0时期的角度来看，第21期的价值相对第20期的价值为$\frac{\beta\delta^{21}}{\beta\delta^{20}} = \delta$。但假设决策者从第20期的角度来看，则第21期的价值

（将来的第一期）相对第20期的价值（当前的价值）是 $\frac{\beta\delta}{1}=\beta\delta$。也就是说，决策者站在第0时期进行选择时，第20期和第21期的价值就比较相近，因此决策者会耐心等待直到第21期才执行交易；然而，决策者站在第20期的角度进行选择时，第20期的价值就比第21期的价值多，因此导致决策者变得不耐心，在第20期就要进行当前交易。这表明拟双曲贴现函数可以很好地模拟人们的不耐心递减特征。

（2）有限的意志力。“有限的意志”表示“行为人”没有有序的效用函数，由于人们的自我控制问题导致他们没有完全的意志力来控制自己的行为，因而当多个目标发生冲突时，不能保证整体效用最大化，而仅能保证当前效用最大化，最终使人们产生时间不一致性偏好。决策双系统模型于2004年由勒文施泰恩和奥多诺霍（Loewenstein and O’Donoghue，2004）提出，双系统是指情感系统和理性系统，研究表明，决策过程是由大脑中这两个系统相互作用才使行为主体做出决策。其中，情感系统主要受刺激机制驱动、处理“执行还是不执行”这类问题的系统；理性系统是用来处理更远目标的系统。也就是说，人们在情感系统的刺激下倾向于当前的偏好，但是不对未来的努力赋予权重，从而导致决策者在跨期选择中表现出时间不一致性偏好。事实上，双系统模型从另一个角度诠释了拟双曲线贴现模型。

（3）估测偏差。估测偏差是指人们误以为自己可以正确预测实际情况所发生的改变，事实上这种预测与实际存在偏差。例如，当一个人很久没有吃饺子了，就会煮过多的饺子，但吃的时候根本吃不完，这就是一种估测偏差的现象（Camerer and Thaler，2003）。由于人们在跨期选择时存在估测偏差，因此对当前偏好赋予的权重较大，从而把将来的偏好和当前偏好之间的相似性扩大。故而，估测偏差现象也可解释人们的时间不一致性偏好。

（4）参照点依赖。行为金融学中一个重要的概念是参照点，它取决于往日的预期消费、社会现状等。实际上，人们在跨期选择或对某事物进行分析时，经常以一个标准为参照点，使现在自己所处的状态和参照点之间存在差异（Helson，1964）。假设决策者预测到自己在将来会收到一笔财富，这时领到财富的那一刻就是决策者的参照点。因此参照点距离当前时刻还有一段时间，所以决策者就表现得比较有耐心，从而理性地决定未来将这笔收入存进银行以备不时之需。然而，随着越来越靠近获得财富的时刻，决策者就渐渐表现得不耐心。直到获得财富的那一刻，决策者的不耐心程度达到最大，迫切地去消费而不执行当初的储蓄策略。因此，这里把时间偏好的不一致性解释为参照点敏感度递减。

此外，研究者还发现市场上存在其他异常的时间偏好。例如，决策者对大额收益使用的贴现率大大低于对小额收益使用的贴现率，这种现象被称为量值效应；决策者对收益使用的贴现率比对亏损使用的贴现率高，这种现象被称为符号效应；决策者对要求加快支付使用的贴现率低于要求延迟获得收益使用的贴现率，这种现象被称为框架效应；决策者更愿意在休假之后支出等额的费用，却不愿意在休假之前支付，这种现象被称为负时间偏好。

在不确定性框架下，传统经济学假设投资决策者具有时间一致性偏好，即不管在什么情况下决策者的偏好依然和最初一样。虽然这种假设简便且易于计算，但是它忽视了分析心理学原因对时间偏好的影响。然而，大量的研究表明，决策者经常具有时间不一致性偏好（又称有偏见的偏好），这种偏好强调了当前偏好和未来偏好之间的冲突。在行为金融学中，时间偏好的不一致性不仅可用于解释市场“异常行为”现象，也为行为金融学的应用研究领域提供广阔的视野。因此，研究决策者的时间不一致性偏好对公司决策的影响是很有必要的。从实际应用的角度看，采用实物期权理论对时间不一致性偏好的深入研究更具有理论意义和实际意义。

1.2 研究意义

在对公司制定投资决策时，学术界经常使用经典的托宾 Q 理论。托宾 Q 是资本的市场价值与其重置成本之比。该比例具备在理论和实践上的易操作性，是连接实体经济和虚拟经济之间的桥梁，被广泛应用于企业的资产定价、制定货币政策等方面。托宾Q理论应用于货币政策的主要目的是将实体经济与资本市场联系起来，从而解释货币在资本市场中的作用。在实际投资预算中，托宾Q值是权衡企业成长或衡量企业业绩的重要指标。因此，在原有资本资产定价模型的基础上，考虑决策者的时间偏好不一致性研究企业资产定价、最优投融资策略、最优股利支付策略等具有较大的实际意义。

自从萨缪尔森（Samuelson，1937）在1937年提出贴现率恒定的指数贴现函数后，研究者对不同时刻的收益和成本进行研究时都用指数贴现函数。但是，斯特罗茨（Strotz，1955）在1955年研究跨期消费问题时正式提出时间不一致性偏好在动态优化中的概念。他的研究表明，当折现因子不是指数函数时，消费策略会出现动态不一致性行为。此后，动态不一致性受到很多研究者的关注（Harris and Laibson，2001；Caillaud and Jullien，2000；Krusell and Smith，2000；Hinnosaar，2016）。时间偏好的不一致性是指决策者在T时刻根据最优化原则制定T+n时刻的最优策略，但是该策略并不是T+n时刻的最优策略。因此，时间偏好的不一致性又被称为“动态不一致性”。

近年来，较多研究者开始对决策者的动态不一致性行为展开研究（Chari and Kehoe，2016；Kang，2017；Schreiber and Weber，2016）。为了对行为个体的真实折现行为充分了解，研究者们把金融决策理论建立在时间偏好不一致性基础上，用拟双曲贴现函数替代传统金融决策理论中指数贴现函数，研究决策者的时间不一致性偏好。因此，当新古典指数贴现理论（即时间一致偏好理论）受到市场“异常行为”挑战时，研究者们试图寻找新的理论来充分解释这种市场异常现象，这种新的理论就是时间不一致性偏好理论。同时，这种市场异常现象促使对时间偏好不一致性的研究具有非常重要的实际意义。

因此，本书用拟双曲贴现模型描绘代理人的时间不一致性偏好，研究当公司受到融资约束时代理人的时间偏好不一致性如何影响最优投资策略的问题。其基本的思想是，当代理人在t时刻做决策时，应该明确考虑在未来时刻将面临一个不同的目标泛函，也就是说，代理人的时间偏好随着时间的变化而变化。因此，本书主要考虑在非完备市场中，具有时间偏好不一致性的代理人在融资约束下公司的资产定价、风险管理、最优动态投资、最优动态契约等问题，并从代理人时间偏好不一致性的角度解释投资不足和企业价值损失的现象。

本书的具体结构如下：

第 1 章，绪论。简要地阐述了本书的研究背景和研究意义。

第 2 章，理论基础。陈述本书相关的主要数学理论知识，例如布朗运动、伊藤（Ito）过程、泊松（Poisson）过程、动态规划、拟双曲贴现模型等。

第 3 章，基于时间不一致性偏好的最优投资和股利支付决策。通过扩展博尔顿等（Bolton et al，2011）的经典模型为时间不一致性模型，研究公司的最优投资和股利支付决策。试图揭示公司清算、外部融资、信用额度和风险管理受时间偏好不一致性行为的影响程度。通过定量分析发现，与博尔顿等（Bolton et al，2011）的经典模型的结论相比，这个扩展的模型预测了时间偏好不一致性的代理人的行为变化：（1）以更低的股利、更早地支付给股东，导致公司持有更少的现金余额和筹集更少的资金；（2）在现金较高区域减少投资，在现金较低区域减少有成本的资产变卖；（3）更早地选择停止使用股指期货对冲投资风险。最后，对本章模型进行算例分析。这些结论都显著表明公司决策，包括股利支付、持有现金、投资、外部融资和风险管理策略，都高度依赖于代理人的时间不一致性偏好。

第 4 章，基于时间不一致性偏好和经济环境转换的最优投融资决策。本章把时间不一致性偏好扩展到经典的 Q 理论框架，研究在经济环境转换中时间不一致性偏好对最优外部融资和股利支付决策的影响。通过定量分析表明：随着代理人的时间不一致性偏好程度增加，无论是在良好的市场融资时机还是在金融危机中，股利支付更早且每次发行的股票数量更少；特别是在良好的融资市场中，股权融资执行更早。因此，时间不一致性偏好使公司的预防性储蓄降低，间接引起资金链断裂和企业清算的概率增大，这就是很多公司在金融危机中面临破产的可能性更大的原因。这些结果表明，在经济环境转换中，企业的外部融资和股利支付决策高度依赖于代理人的时间不一致性偏好程度。

第5章，基于时间不一致性偏好的最优契约和投资策略。本章把时间不一致性偏好与动态委托—代理模型和Q理论模型相结合，研究代理人的时间不一致性偏好对公司的最优投资和最优契约的影响。本章主要讨论了三种情况：仅代理人有时间不一致性偏好；仅委托人有时间不一致性偏好；代理人和委托人都有时间不一致性偏好。通过定量分析表明：（1）当企业的财务约束宽松时，代理人的时间不一致性偏好程度越高，委托人的值函数和企业投资越低；（2）当企业的财务约束紧张时，委托人的值函数和企业投资受时间不一致性偏好的影响较弱；（3）代理人的时间不一致性偏好使最优薪酬支付边界提高，而委托人的时间偏好不一致性使最优薪酬支付边界降低。

第6章，结论与展望。总结了本书的主要研究工作和结论，并阐述了未来的研究方向。

第 2 章

理论基础

本章主要介绍与本书的研究相关的基本数学理论，包括随机积分、动态规划、或有债权分析、布朗运动（也称为维纳过程）、伊藤（Ito）过程、伊藤（Ito）引理、跳跃过程（也叫泊松过程）、拟双曲贴现模型等。对于不确定条件下的动态最优化问题，常用动态规划或者或有债权分析求解。本书对模型的求解主要采用动态规划方法和伊藤引理。对于不确定性问题的研究通常采用伊藤过程来描述。其中伊藤过程常用来描绘产出价格、投入成本、项目价值以及其他随着时间变化而随机变动的变量的动态过程，而且这种随机变动的变量会影响企业的投资决策。伊藤引理是一个非常重要的结论，利用该引理可以对含有随机过程的函数进行微分和积分，因此该引理又被称为随机积分的基本定理。本章将说明布朗运动如何推广到更广泛的连续时间过程（也称为伊藤过程）。

2.1 布朗运动

定义 2.1 布朗运动，又被称为维纳过程，是一个连续时间过程，它具有三个重要性质：（1）它是一个马尔科夫过程；（2）布朗运动具有独立增量；（3）布朗运动在任何有限时间上的变化服从正态分布，其方差随时间区间的长度呈线性增加。

用数学语言来描述布朗运动，如定理 2.1 所示。

定理 2.1 假设 $Z(t)$ 服从布朗运动过程，在时间区间 Δt 上 Z 的任何变化都记为 ΔZ，其中 $\Delta Z = Z(t + \Delta t) - Z(t)$，它满足下列条件：

(1) ΔZ 和 Δt 满足关系:

$$\Delta Z = \varepsilon_t \sqrt{\Delta t} \tag{2.1}$$

式（2.1）中 ε_t 是均值为0、标准差为1的正态分布的随机变量。

（2）随机变量 ε_t 是序列不相关的，即 $\mathbb{E}(\varepsilon_t \varepsilon_s) = 0$ 对一切 $t \neq s$ 成立，故 ΔZ 在任意两个不同的时间区间上是相互独立的。

（3）特别地，令 $\Delta t \to 0$ ，布朗运动在时间区间 Δt 无穷小时，则增量 $\mathrm{d}Z$ 可以表示为:

$$\mathrm{d}Z = \varepsilon_t \sqrt{\mathrm{d}t} \tag{2.2}$$

因 $\varepsilon_t \sim N(0,1)$ ，故 $\mathbb{E}(\mathrm{d}Z) = 0$, $\mathrm{Var}(\mathrm{d}Z) = \mathbb{E}[(\mathrm{d}Z)^2] = \mathrm{d}t$ 。

在实际中，我们经常会遇到两个或两个以上的布朗运动。假定 $Z_1(t)$ 和 $Z_2(t)$ 为布朗运动，且 $E(\mathrm{d}Z_1 \mathrm{d}Z_2) = \rho_{12}\mathrm{d}t$ ，其中 ρ_{12} 是这两个过程的相关系数。因为布朗运动在单位时间上的方差和协方差都为 $\frac{\mathbb{E}[(\mathrm{d}Z)^2]}{\mathrm{d}t} = 1$ ，故 ρ_{12} 也是这两个过程在单位时间上的协方差。

在实际应用中，通常把布朗运动推广到一些更复杂的过程。带有漂移的布朗运动是对方程（2.2）最简单的推广，即:

$$\mathrm{d}x = \alpha \mathrm{d}t + \sigma \mathrm{d}Z \tag{2.3}$$

式（2.3）中，$\mathrm{d}Z$ 为由定义2.1给出的布朗运动的增量；α 表示漂移系数；σ 表示方差参数。因此，在任何时间区间 Δt 上，x 的变化表示为 Δx ，服从均值为 $\mathbb{E}(\Delta x) = \alpha\Delta t$ ，方差为 $\mathrm{Var}(\Delta x) = \sigma^2 \Delta t$ 的正态分布。

2.2　广义布朗运动——伊藤过程

定义2.2 把带有漂移的布朗运动推广为:

$$\mathrm{d}x = \alpha(x,u,t)\mathrm{d}t + \sigma(x,u,t)\mathrm{d}Z \tag{2.4}$$

式（2.4）中，$\mathrm{d}Z$ 是维纳过程的增量；$\alpha(x,u,t)$ 和 $\sigma(x,u,t)$ 都是已知的（非随机的）函数。这里的漂移系数和方差系数是关于当前时刻 t 、时刻 t 的当前状态 x 和时刻 t 的控制变量 u 的函数。因此，式（2.4）表示的连续

时间随机过程 $x(t)$ 也被称为伊藤过程。

定理2.2（伊藤引理）假设 $x(t)$ 服从式（2.4）表示的伊藤过程，考虑函数 $F(x,t)$ 对 x 至少是二阶可微的，对 t 是一阶可微的。因此 dF 的微分为：

$$\mathrm{d}F = \left[\frac{\partial F}{\partial t} + \alpha(x,u,t)\frac{\partial F}{\partial x} + \frac{1}{2}\sigma^2(x,u,t)\frac{\partial^2 F}{\partial^2 x}\right]\mathrm{d}t + \sigma(x,u,t)\frac{\partial F}{\partial x}\mathrm{d}Z \tag{2.5}$$

伊藤引理也可看作一种泰勒展开式，这样便于理解。把伊藤引理用于函数 $F(x,t)$，我们有：

$$\mathbb{E}[F(x+\Delta x,t+\Delta t)\mid x] = F(x,t) + F_t(x,t)\Delta t + \alpha(x,u,t)F_x(x,t)\Delta t + \frac{1}{2}\sigma^2(x,u,t)F_{xx}(x,t)\Delta t + o(\Delta t) \tag{2.6}$$

式（2.6）中，$o(\Delta t)$ 为比 Δt 更快地趋于零的项。下面把伊藤引理推广到具有几个伊藤过程的函数中。

推论2.1 假设函数 $F = F(x_1,x_2,\cdots,x_m,t)$ 是关于时间 t 和 m 个伊藤过程 x_1，x_2，…，x_m 的函数，其中：

$$\mathrm{d}x_i = \alpha_i(x_1,\cdots,x_m,u,t)\mathrm{d}t + \sigma_i(x_1,\cdots,x_m,u,t)\mathrm{d}Z_i$$

且 $\mathbb{E}(\mathrm{d}Z_i\mathrm{d}Z_j) = \rho_{ij}\mathrm{d}t$，其中 $i,j = 1,2,\cdots,m$，则根据伊藤引理给出全微分 dF 写为：

$$\begin{aligned}\mathrm{d}F &= \frac{\partial F}{\partial t}\mathrm{d}t + \sum_i \frac{\partial F}{\partial x_i}\mathrm{d}x_i + \frac{1}{2}\sum_i\sum_j \frac{\partial^2 F}{\partial x_i \partial x_j}\mathrm{d}x_i\mathrm{d}x_j \\ &= \frac{\partial F}{\partial t}\mathrm{d}t + \sum_i \alpha_i(x_1,\cdots,x_m,u,t)\frac{\partial F}{\partial x_i}\mathrm{d}t + \frac{1}{2}\sum_i \sigma_i^2(x_1,\cdots,x_m,u,t) \\ &\quad \frac{\partial^2 F}{\partial x_i^2}\mathrm{d}t + \frac{1}{2}\sum_{i\neq j}\rho_{ij}\sigma_i(x_1,\cdots,x_m,u,t)\sigma_j(x_1,\cdots,x_m,u,t)\frac{\partial^2 F}{\partial x_i\partial x_j}\mathrm{d}t + \\ &\quad \sum_i \sigma_i(x_1,\cdots,x_m,u,t)\frac{\partial F}{\partial x_i}\mathrm{d}Z_i\end{aligned}$$

根据伊藤定理，可以推导出贝尔曼（Bellman）方程，推导的基本思想是：将决策过程分为两个部分：即刻阶段和后续阶段。假设当前时刻为 t，状态为 x_t。用 $F_t(x_t)$ 表示从 t 时刻开始企业做出所有决策的最优结果，即企业的全部现金流的预期净现值。

当企业选择控制变量 u_t ，则获得即期现金流为 $\pi_t(x_t, u_t)$ 。在下一阶段（ $t+1$ ）的状态是 x_{t+1} ，最优决策产生的结果是 $F_{t+1}(x_{t+1})$ 。在时刻 t 看来，这个结果是随机变量，因此我们必须对它取期望值 $\mathbb{E}_t[F_{t+1}(x_{t+1})]$ ，这个期望值也被称为连续价值。贴现到 t 时刻，则即期现金流与连续价值之和为：

$$\pi_t(x_t, u_t) + \frac{1}{1+\rho}\mathbb{E}_t[F_{t+1}(x_{t+1})] \tag{2.7}$$

选择 u_t 使式（2.7）最大化且要使这个结果恰好等于 $F_t(x_t)$ ，故而有：

$$F_t(x_t) = \max_{u_t}\left\{\pi_t(x_t, u_t) + \frac{1}{1+\rho}\mathbb{E}_t[F_{t+1}(x_{t+1})]\right\} \tag{2.8}$$

定义 2.3（Bellman 方程）一个最优的决策应该满足如下条件：不管初始行为怎样，剩下的决策构成一个以初始行为结果作为初始状态的最优决策，这里剩下的决策 u_{t+1} 、u_{t+2} 等的最优决策是剩余的连续价值总和，于是只需选取最优即期控制 u_t 便可。因此，式（2.8）被称为贝尔曼（Bellman）方程，同时也可以称为动态规划方程。

在任意时刻 t ，令 x 和 u 为当前阶段的出发状态，无穷期限下贝尔曼方程为：

$$F(x) = \max_{u}\left\{\pi(x, u) + \frac{1}{1+\rho}\mathbb{E}[F(x+\mathrm{d}x) \mid x, u]\right\} \tag{2.9}$$

下面讨论在连续时间下贝尔曼方程。

假设每个阶段的时间长度为 Δt ，记 $\pi(x,u,t)$ 为单位时间的利润率，因此在时间长度 Δt 上获得利润为 $\pi(x,u,t)\Delta t$ 。记 ρ 为单位时间内的贴现率，所以在时间区间 Δt 上贴现因子为 $\frac{1}{1+\rho\Delta t}$，故而贝尔曼方程（2.9）也可表示为：

$$\rho F(x,t) = \max_{u}\left\{\pi(x,u,t) + \frac{1}{\mathrm{d}t}\mathbb{E}[\mathrm{d}F]\right\} \tag{2.10}$$

式（2.10）中，$\frac{1}{\mathrm{d}t}\mathbb{E}[\mathrm{d}F]$ 为 $\frac{\mathbb{E}[\Delta F]}{\Delta t}$ 的极限。把式（2.5）代入式（2.10），化简可得：

$$\rho F(x,t) = \max_u \left\{ \pi(x,u,t) + F_t(x,t) + \alpha(x,u,t) F_x(x,t) + \frac{1}{2}\sigma^2(x,u,t) F_{xx}(x,t) \right\} \tag{2.11}$$

式（2.11）就是连续时间的贝尔曼方程。

2.3 跳跃过程

一种具有离散变化的随机过程被称为跳跃过程。在物理学中，跳跃过程会发生扩散。随机过程从微观角度来说都由跳跃扩散过程描述。在金融领域中，随机模型经常被用于描述金融工具的价格。例如，假设金融工具是一种扩散过程，也就是说金融工具拥有较小的且连续的随机变化性质，因此 Black - Scholes 模型可以被用于研究期权定价问题。实际上，价格变动就是一个跳跃过程。我们可以将经济变量视为一个不频繁发生却又离散跳跃的过程，并以此建立经济模型。例如，当一个新的竞争者进入一个非常小的市场时，价格往往会突然降低；石油价格在战争或者革命开始或结束时会发生大幅度下降或上升。

定义 2.4 随机过程 $\{N(t),\ t \geqslant 0\}$ 称为计数过程，假设某一特定事件 A 从 0 到 t 时刻发生次数用 $N(t)$ 表示，则它具有如下性质：

（1）$N(t) \geqslant 0$ 且取值为整数；

（2）$s < t$ 时，若 $N(s) \leqslant N(t)$，则 $N(t) - N(s)$ 表示在时间区间 $(s,t]$ 中事件 A 发生的次数。

定义 2.5 计数过程 $\{N(t),\ t \geqslant 0\}$ 也可以被称作参数为 $\lambda(\lambda > 0)$ 的泊松（Poisson）过程，如果有：

（1）$N(0) = 0$；

（2）过程有独立增量；

（3）对任意的 $s,t \geqslant 0$，$n = 0, 1, 2, \cdots$，有 $P\{N(t+s) - N(s) = n\} = e^{-\lambda t}\frac{(\lambda t)^n}{n!}$，$\mathbb{E}[N(t)] = \lambda t$，其中 λ 表示单位时间内某一特定事件发生的平均次数，λ 被称为泊松过程的速率或强度。

泊松过程是具有固定或随机跃度的跳跃过程，其中跳跃发生的时间服从泊松分布。本书称这些跳跃为“事件”。“事件”是跃度为 u 的跳跃过程，u 是一个随机变量。把“事件”的平均发生率记为 λ ，则“事件”在无穷小的时间区间 $\mathrm{d}t$ 上发生的概率为 $\lambda\mathrm{d}t$ ，“事件”不发生的概率则为 $1-\lambda\mathrm{d}t$ 。用 q 表示一个泊松过程，则有：

$$\mathrm{d}q=\begin{cases}0,\text{不发生跳跃的概率为 }1-\lambda\mathrm{d}t\\u,\text{发生跳跃的概率为 }\lambda\mathrm{d}t\end{cases}\tag{2.12}$$

在无穷小的时间区间 $\mathrm{d}t$ 内，随机变量 x 发生跳跃的概率为 $\lambda\mathrm{d}t$ ，跃度为 $g(x,t)u$ ，其中 $g(x,t)$ 为已知函数。随机变量 x 不发生跳跃的概率为 $1-\lambda\mathrm{d}t$。给变量 x 增加一个固定的量 $f(x,t)\mathrm{d}t$ ，因此变量 x 的随机过程为如下泊松微分方程：

$$\mathrm{d}x=f(x,t)\mathrm{d}t+g(x,t)\mathrm{d}q\tag{2.13}$$

式（2.13）中，$f(x,t)$ 和 $g(x,t)$ 为（非随机的）已知函数。

假设 $F(x,t)$ 为 x 和 t 的可微函数，下面推导 F 的预期变化 $\mathbb{E}[\mathrm{d}F]$ 的表达式。首先将 $F(x,t)$ 展开为：

$$\mathbb{E}[\mathrm{d}F]=\left[\frac{\partial F}{\partial t}\mathrm{d}t+\frac{\partial F}{\partial x}\mathrm{d}x\right]=\frac{\partial F}{\partial t}\mathrm{d}t+\frac{\partial F}{\partial x}[f(x,t)\mathrm{d}t+g(x,t)\mathrm{d}q]\tag{2.14}$$

式（2.14）中，F 的变化是由 x 的两种变化方式引起的。第一，x 的漂移导致 $F(x,t)$ 连续且确定地变动。第二，x 存在泊松事件发生的可能性。也就是说，如果发生泊松事件，则 x 将随机变化且变化的大小为 $g(x,t)u$ ，因此 $F(x,t)$ 也会相应变化。由于泊松事件在无穷小区间 $\mathrm{d}t$ 上发生的概率为 $\lambda\mathrm{d}t$ ，故有：

$$\mathbb{E}\left[\frac{\partial F}{\partial x}g(x,t)\mathrm{d}q\right]=\mathbb{E}_u\{\lambda[F(x+g(x,t)u,t)-F(x,t)]\}\mathrm{d}t\tag{2.15}$$

式（2.15）等号右边是关于跃度为 u 的期望。因此，F 的微分期望可写为：

$$\mathbb{E}[\mathrm{d}F]=\left[\frac{\partial F}{\partial t}+f(x,t)\frac{\partial F}{\partial x}\right]\mathrm{d}t+E_u\{\lambda[F(x+g(x,t)u,t)-F(x,t)]\}\mathrm{d}t\tag{2.16}$$

推论 2.2 对于伊藤引理和跳跃过程混合的情况，假设变量 x 既服从布朗运动过程，又服从跳跃过程，因此有：

$$dx = \alpha(x,t)dt + \sigma(x,t)dZ + g(x,t)dq \tag{2.17}$$

式（2.17）中，Z 表示一个标准的布朗运动，q 表示一个泊松过程，dq 满足条件（2.12）。则函数 $F(x,t)$ 变化的期望为：

$$\mathbb{E}[dF] = \left[\frac{\partial F}{\partial t} + \alpha(x,t)\frac{\partial F}{\partial x} + \frac{1}{2}\sigma^2(x,t)\frac{\partial^2 F}{\partial x^2}\right]dt + \mathbb{E}_u\{\lambda[F(x + g(x,t)u,t) - F(x,t)]\}dt \tag{2.18}$$

式（2.18）中，二阶导数项仅与混合过程中连续部分的方差有关；等号右边的最后一项就表示跳跃部分的贡献，即关于 F 在两个不同离散点之间的差。

2.4 动态规划

动态规划是研究不确定性最优化问题的常用工具。动态规划的基本思想是把整个决策过程划分为即期决策和评价函数两个部分，其中从即期决策的条件出发评估所有后续决策的结果就是评价函数。若动态规划的期限是有限的，则在期限末尾做出最后一个决策后就没有后续的决策。因此可以通过标准的静态优化方法处理，得到的解是倒数第二个决策的评价函数，这个评价函数也可以视为从后往前的两阶段决策，以此类推。然而，若动态规划的期限是无穷的，则可以通过递归特征来计算，即每一项决策所产生的另一个问题被重新视为初始问题。本书对模型的求解主要采用动态规划方法。

2.4.1 具有布朗运动的一维动态规划问题

假设一家企业的利润流 $\pi(x,\mu,t)$ 依赖于状态变量 x 和控制变量 μ ，并且我们要求该企业在有限时间期界 T 终止，其终止效益为 $\Omega(x_T,T)$ 。假设在 t 时刻的状态为 x ，记企业价值为 $F(x,t)$ 。假设状态变量 x 服从几何布朗运动：

$$dx = \alpha(x,\mu,t)xdt + \sigma(x,\mu,t)xdZ \tag{2.19}$$

式（2.19）中，Z 为标准的布朗运动。这里我们采用指数贴现函数 $e^{-\rho t}$，故而有：

$$F(x,t) = \max_{\mu} \mathbb{E}_t\left[\int_t^T e^{-\rho(\tau-t)}\pi(x_\tau,\mu_\tau,\tau)d\tau + e^{-\rho(T-t)}\Omega(x_T,T)\right] \tag{2.20}$$

式（2.20）中，$\mathbb{E}_t$ 是基于 t 时刻的信息。本书假设 $T = \infty$ 。

考虑 dt 时刻后的状态，状态变量变为（ $x + dx$ ），相应地，资产价值变为 $F(x + dx, t + dt)$ 。将它表示为 t 时刻的现值，要乘以贴现因子 $e^{-\rho dt}$，此外 dx 为 t 时刻的预期增量，因此必须取期望值 $E_t[F(x + dx, t + dt)]$，故而有 Bellman 方程：

$$F(x,t) = \max_{\mu}\{\pi(x,\mu,t)dt + e^{-\rho dt}E_t[F(x + dx, t + dt) \mid x,\mu]\} \tag{2.21}$$

把从 t 到 T 的整个时间区间分成两个部分：较短的时间区间 dt 及其后的时间区间。利用伊藤引理将式（2.21）右边展开，略去在 $dt \to 0$ 时比 dt 更快地趋于零的项，可得：

$$\begin{aligned}F(x,t) &= \max_{\mu}\{\pi(x,\mu,t)dt + e^{-\rho dt}\mathbb{E}_t[F(x + dx, t + dt) \mid x,\mu]\}\\ &= \max_{\mu}\left\{\pi(x,\mu,t)dt + (1-\rho dt)\begin{bmatrix}F(x,t) + F_t(x,t)dt + F_x(x,t)\alpha(x,\mu,t)xdt\\ + \frac{1}{2}F_{xx}(x,t)\sigma(^x,\mu,t)2x^2dt\end{bmatrix}\right\}\\ &= \max_{\mu}\left\{F(x,t) + \begin{bmatrix}\pi(x,\mu,t) + F_t(x,t) + \alpha(x,\mu,t)xF_x(x,t) - \rho F(x,t)\\ + \frac{1}{2}\sigma(^x,\mu,t)2x^2F_{xx}(x,t)\end{bmatrix}dt\right\}\end{aligned}$$

因此，可得到价值函数 $F(x,t)$ 满足下列偏微分方程：

$$\rho F(x,t) = \max_{\mu}\left\{\pi(x,\mu,t) + F_t(x,t) + \alpha(x,\mu,t)xF_x(x,t) + \frac{1}{2}\sigma(x,\mu,t)^2x^2F_{xx}(x,t)\right\} \tag{2.22}$$

式（2.22）即为关于价值函数 $F(x,t)$ 在 t 时刻的偏微分方程。

2.4.2 具有跳跃过程的一维动态规划问题

现在考虑状态变量 x 服从泊松过程的动态规划问题。用最优停止问题进行说明。把 x 的值分到两个区域：停止区域和继续区域。在停止区域，“停止”为最优选择，终止价值为 $\Omega(x,t)$ ；在继续区域，至少在下一个无穷小的时间区间 $\mathrm{d}t$ 内，“继续”为最优选择，即期利润流为 $\pi(x,\mu,t)$ 。假设 u 为已知的非随机常数，则 $\mathrm{d}F$ 的变化有两种可能，依赖于从 x 到 $x+g(x,t)u$ 的跳跃是否进入停止区域。

如果 $x+ug(x,t)$ 进入停止区域，则有：

$$\mathrm{d}F=\lambda\mathrm{d}t[\Omega(x+g(x,t)u)-F(x,t)]+(1-\lambda\mathrm{d}t)[F(x+f(x,t)\mathrm{d}t)-F(x,t)] \tag{2.23}$$

把式（2.23）代入 Bellman 方程（2.10）中，并令 $\mathrm{d}t\to 0$ 得：

$$\rho F(x,t)=\max_{\mu}\{\pi(x,\mu,t)+\lambda[\Omega(x+g(x,t)u)-F(x,t)]+F_x(x,t)f(x,t)\} \tag{2.24}$$

如果 $x+ug(x,t)$ 仍在继续区域中，发生跳跃时有 $\lambda\mathrm{d}t[F(x+g(x,t)u)-F(x,t)]$ ，不发生跳跃时有 $(1-\lambda\mathrm{d}t)[F(x+f(x,t)\mathrm{d}t)-F(x,t)]$ ，则在无穷小时间区间 $\mathrm{d}t$ 内有：

$$\mathrm{d}F=\lambda\mathrm{d}t[F(x+g(x,t)u)-F(x,t)]+(1-\lambda\mathrm{d}t)[F(x+f(x,t)\mathrm{d}t)-F(x,t)] \tag{2.25}$$

把式（2.25）代入 Bellman 方程（2.10）中，并令 $\mathrm{d}t\to 0$ ，得：

$$\rho F(x,t)=\max_{\mu}\{\pi(x,\mu,t)+\lambda[F(x+g(x,t)u)-F(x,t)]+F_x(x,t)f(x,t)\} \tag{2.26}$$

此外，如果 u 为随机变量，则需要同时考虑这两种情况，通过对 u 的分布取期望可得到一个组合方程（略）。

2.4.3 布朗运动和跳跃过程结合的一维动态规划问题

假设 x 服从混合布朗运动和跳跃过程：

$$\mathrm{d}x=\alpha(x,\mu,t)x\mathrm{d}t+\sigma(x,\mu,t)x\mathrm{d}Z-x\mathrm{d}q \tag{2.27}$$

式（2.27）中，$\mathrm{d}q$ 表示平均到达率为 λ 的泊松过程的增量，$\mathrm{d}q$ 和 $\mathrm{d}Z$ 是相互独立的，因此有 $\mathbb{E}(\mathrm{d}q\mathrm{d}Z)=0$ 。假设“事件”发生，q 以概率 1 下降固定的

百分比 φ（$0 \leqslant \varphi \leqslant 1$）。因此，式（2.27）表示 x 以几何布朗运动波动，但是在每一时间间隔 $\mathrm{d}t$，都将以概率 $\lambda \mathrm{d}t$ 下降到其初始值的（$1-\varphi$）倍，然后继续波动，直到另一“事件”发生。因此，式（2.27）的意义有以下几点：

（1）x 的预期变化率变为 $\frac{1}{\mathrm{d}t}\frac{\mathbb{E}(\mathrm{d}x)}{x}=\alpha(x,u,t)-\lambda\varphi$，因为在每一时间间隔 $\mathrm{d}t$ 内，x 下降的概率为 $\lambda \mathrm{d}t$，因此 λ 的提高通过增加 x 的瞬时下降机会而降低 x 的资本预期收益率；

（2）因为泊松事件是不频繁的发生，在很短的时间区间 $\mathrm{d}t$ 内，如果泊松事件不发生，则 $\frac{\mathrm{d}x}{x}$ 的方差正是布朗运动的方差 $\sigma^2\mathrm{d}t$；

（3）如果泊松事件发生，则方差会有较大的偏差，这对 t 时刻在给定信息时计算出来的方差贡献非常重要。利用布朗运动的随机游动近似，为了简便，我们设定 $\alpha(x,u,t)=0$，并有：

$$\mathrm{d}x=\begin{cases}\sigma(x,u,t)x\mathrm{d}Z, & \text{概率为}\frac{1}{2}(1-\lambda\mathrm{d}t)\\ -\sigma(x,u,t)x\mathrm{d}Z, & \text{概率为}\frac{1}{2}(1-\lambda\mathrm{d}t)\\ -\varphi\mathrm{d}Z, & \text{概率为 }\lambda\mathrm{d}t\end{cases}$$

因此有：

$\mathbb{E}(\mathrm{d}x)=-\lambda\mathrm{d}t\varphi x$，$\mathbb{E}[(\mathrm{d}x)^2]=(1-\lambda\mathrm{d}t)\sigma^2x^2\mathrm{d}t+\lambda\mathrm{d}t\varphi^2x^2$

$\mathrm{Var}[\mathrm{d}x]=\mathbb{E}[(\mathrm{d}x)^2]-\{\mathbb{E}[\mathrm{d}x]\}^2=\sigma^2x^2\mathrm{d}t+\lambda\varphi^2x^2\mathrm{d}t$。（这里略去含有 $(\mathrm{d}t)^2$ 项）

从方差可知，第一部分 $\sigma^2x^2\mathrm{d}t$ 为 $\mathrm{d}x$ 的瞬时方差，来自布朗运动过程且没有发生跳跃。第二部分 $\lambda\varphi^2x^2\mathrm{d}t$ 说明有跳跃的可能性。因此，当把伊藤引理用于混合布朗运动和跳跃过程时，二阶导数项仅由方差的第一部分贡献，而不同离散点上的价值差异项由跳跃部分贡献。

现在用动态规划求解最优投资问题。根据企业价值 $F(x,t)$ 的 Bellman 方程和推论 2.2，利用混合布朗运动和泊松过程的伊藤引理展开 $\mathrm{d}F$，得：

$$\rho F(x,t) = \max_{u}\left\{\begin{matrix}\pi(x,u,t) + \alpha(x,u,t)xF_x(x,t) + \frac{1}{2}\sigma^2(x,u,t)x^2F_{xx}(x,t) \\ -\lambda\{F(x,t) - F[(1-\varphi)x]\}\end{matrix}\right\} \tag{2.28}$$

式（2.28）就是布朗运动和跳跃过程结合的企业价值的偏微分方程。

2.4.4 二维动态规划

下面在二维动态规划模型中给出 Hamilton-Jacobi-Bellman（HJB）方程的推导过程。

假设动态规划模型为：

$$\max_{\mu} \mathbb{E}\left[\int_0^T e^{-rs}f(K_s, W_s, \mu_s)\,\mathrm{d}s + e^{-rT}(lK_T + W_T)\right]$$

$$s.t.\ \mathrm{d}K_t = \alpha \mathrm{d}t + \beta \mathrm{d}Z_t, K(t) = K_0$$

$$\mathrm{d}W_t = g\mathrm{d}t + \sigma \mathrm{d}Z_t, W(t) = W_0$$

其中 $f(K,W,\mu)$ 是连续函数，且依赖于控制变量 μ 。假设 $T = \infty$ 。

解：定义任意时刻 t 的值函数：

$$\begin{aligned} J(K_t, W_t) &= \max_{\mu} \int_t^T e^{-rs}f(K_s, W_s, \mu_s)\,\mathrm{d}s + e^{-rT}(lK_T + W_T) \\ &= \max_{\mu} \int_t^{t+\Delta t} e^{-rs}f(K_s, W_s, \mu_s)\,\mathrm{d}s + J(K_{t+\Delta t}, W_{t+\Delta t}) \\ &= \max_{\mu}\{e^{-rt}f(K, W, \mu) \times \Delta t + J(K_{t+\Delta t}, W_{t+\Delta t})\} \end{aligned} \tag{2.29}$$

设 $K_{t+\Delta t} = K_t + K_{\Delta t}$ 和 $W_{t+\Delta t} = W_t + W_{\Delta t}$ ，由 Taylor 展式得：

$$\begin{aligned} J(K_{t+\Delta t}, W_{t+\Delta t}) &= J(K_t + K_{\Delta t}, W_t + W_{\Delta t}) \\ &= J(K_t, W_t) + J_K(K_t, W_t) \times \Delta K + J_W(K_t, W_t) \times \Delta W \\ &\quad + \frac{1}{2}[J_{KK}(K_t, W_t) \times (^{\Delta}K)^2 + 2J_{WK}(K_t, W_t) \times \Delta K \times \Delta W \\ &\quad + J_{WW}(K_t, W_t) \times (\Delta W)^2] + h.o.t \end{aligned} \tag{2.30}$$

式（2.30）中，h. o. t 表示关于 Δt 或 ΔK 或 ΔW 的高阶无穷小项。把式（2.30）代入式（2.29）得：

$$
J(K,W) = \max_{\mu}\left\{\begin{aligned}&e^{-rt}f(K,W,\mu)\times\Delta t + J(K,W) + J_t(K,W)\times\Delta t + J_K(K,W)\times\Delta K\\&+J_W(K,W)\times\Delta W + \frac{1}{2}[J_{KK}(K,W)\times(\Delta K)^2 + J_{WW}(K,W)\times(\Delta W)^2\\&+2J_{WK}(K,W)\times\Delta K\times\Delta W]\end{aligned}\right\} + h.o.t \tag{2.31}
$$

化简式（2.31）得：

$$
0 = \max_{\mu}\left\{\begin{aligned}&e^{-rt}f(K,W,\mu)\times\Delta t + J_t(K,W)\times\Delta t + J_K(K,W)\times\Delta K + J_W(K,W)\times\Delta W\\&+\frac{1}{2}[J_{KK}(K,W)\times(\Delta K)^2 + 2J_{WK}(K,W)\times\Delta K\times\Delta W + J_{WW}(K,W)\times(\Delta W)^2]\end{aligned}\right\} + h.o.t \tag{2.32}
$$

因为 $\Delta K = \alpha\times\Delta t + \beta\times\Delta Z$，$\Delta W = g\times\Delta t + \sigma\times\Delta Z$，$\mathbb{E}(\Delta z) = 0$，$(\Delta Z)^2 = \Delta t$，化简式（2.32）得：

$$
0 = \max_{\mu}\left\{\begin{aligned}&e^{-rt}f(K,W,\mu)\times\Delta t + J_t(K,W)\times\Delta t + J_K(K,W)\times\alpha\times\Delta t + J_W(K,W)\times g\times\Delta t\\&+\frac{1}{2}[J_{KK}(K,W)\times\beta^2\times\Delta t + 2J_{WK}(K,W)\times\beta\sigma\times\Delta t + J_{WW}(K,W)\times\sigma^2\times\Delta t]\end{aligned}\right\} + h.o.t \tag{2.33}
$$

式（2.33）两边除以 Δt，且令 $\Delta t\to 0$，得：

$$
0 = \max_{\mu}\left\{\begin{aligned}&e^{-rt}f(K,W,\mu) + J_t(K,W) + J_K(K,W)\times\alpha + J_W(K,W)\times g + \frac{1}{2}[J_{KK}(K,W)\times\beta^2\\&+2J_{WK}(K,W)\times\beta\sigma + J_{WW}(K,W)\times\sigma^2]\end{aligned}\right\} \tag{2.34}
$$

令 $J(K,W) = e^{-rt}P(K,W)$，则有：

$J_t(K,W) = (-r)e^{-rt}P(K,W)$，$J_K(K,W) = e^{-rt}P_K(K,W)$，

$J_W(K,W) = e^{-rt}P_W(K,W)$，$J_{WK}(K,W) = e^{-rt}P_{WK}(K,W)$，

则式（2.34）可化简为：

$$
0 = \max_{\mu}\left\{\begin{aligned}&e^{-rt}f(K,W,\mu) + (-r)e^{-rt}P(K,W) + e^{-rt}P_K(K,W)\times\alpha + e^{-rt}P_W(K,W)\times g\\&+\frac{1}{2}[e^{-rt}P_{KK}(K,W)\times\beta^2 + 2e^{-rt}P_{WK}(K,W)\times\beta\sigma + e^{-rt}P_{WW}(K,W)\times\sigma^2]\end{aligned}\right\}
$$

两边除以 e^{-rt}，并移项得：

$$rP(K,W) = \max_{\mu}\left\{\begin{array}{l} f(K,W,\mu) + P_K(K,W) \times \alpha + P_W(K,W) \times g + \frac{1}{2}[P_{KK}(K,W) \times \\ \beta^2 + 2P_{WK}(K,W) \times \beta\sigma + P_{WW}(K,W) \times \sigma^2] \end{array}\right\} \tag{2.35}$$

式（2.35）即为带有贴现的二维动态规划模型的 Hamilton-Jacobi-Bellman（HJB）方程。

2.5 或有债权分析

金融学已经发展为可以描绘投资者决策的、关于市场及资产均衡的复杂理论。在金融理论研究中，最基本的一个假设条件是市场中存在很多风险和收益率不同且可用于交易的资产。我们在对新的资产进行定价时，可以用市场上现有可交易资产的组合来复制这个新资产的风险和收益，则这个新资产的价值必须与该资产组合的市场价值相等。否则，追求利润的套利者可利用两者价值的不一致，购买更廉价的资产，通过重新包装后在市场上以更高的价值卖出去，最终导致资产组合或等价资产的价值在均衡中不能保持一致。

假设企业的产出价格为 x，且 x 服从布朗运动，则企业的利润流依赖于变量 x，因此有：

$$dx = \alpha x dt + \sigma x dz \tag{2.36}$$

式（2.36）中，α 为增长参数，σ 为比例方差参数，dz 为标准布朗运动过程的增量。这里收益按照百分比增长。

假设企业自身的产出可以作为在金融市场上的交易资产，如产出为石油、铜等商品时，这在理论上是可行的。与所有的资产一样，投资者只有在该项资产的产出足够高时才拥有该项资产。持有该项资产的收益一部分来自预期价格上涨 α；而另一部分来自直接分红（如产品可能是可以生产更多木材的树）或间接分红（如该公司的产品是石油或铜，则企业发现拥有这种产品的存货要比依靠现货市场好，这种分红被称为隐性的“便利收益”）。这里把这种回报看成一种红利，并记其比例为 δ，令 $\mu = \alpha + \delta$，则

μ 表示总的预期收益率。这个总的预期收益必须能够弥补拥有该项资产所面临的风险。当然，该风险不是这些有影响的风险，而是不可分割的风险。在整个金融市场中，投资组合具有多样性，因此资产收益率和整个市场投资组合的协方差共同决定了风险贴息。

假设无风险收益率 r 是外生的，如政府债券的固定收益率。从资本资产定价模型（CAPM）可得到均衡时的基本条件为：

$$\mu = r + \varphi\sigma\rho_{xm} \tag{2.37}$$

式（2.37）中，φ 为总体的市场参数（即市场价格的风险系数），是外生变化的；ρ_{xm} 为特定资产 x 的收益与整个市场组合 m 的收益之间的相关系数。

为了通过已知市场价值的可交易资产来复制企业的风险特征和收益，假设利润流为 $\pi(x,t)$ 的企业价值 $F(x,t)$ ，这里 $\pi(x,t)$ 实际上是赋予其所有者获得利润流的资产价值。例如，考虑同时投资无风险资产1元和购买该企业 n 单位的产品，也就是说，通过这个投资组合复制企业的风险和收益。因此我们要找出恰当的 n 来得到需要购买的产品。这个组合的成本为（$1+nx$）元。假设拥有这个投资组合的时间区间 $\mathrm{d}t$ 无穷小，则在 $\mathrm{d}t$ 内无风险资产产生确定收益为 $r\mathrm{d}t$ ，购买该企业的产品获得红利 $nx\delta\mathrm{d}t$ ，且该产品产生的随机资本收益为 $n\alpha x\mathrm{d}t + n\sigma x\mathrm{d}z$ ，因此投资每1元的总收益为：

$$\frac{r + n(\alpha + \delta)x}{1 + nx}\mathrm{d}t + \frac{\sigma nx}{1 + nx}\mathrm{d}z \tag{2.38}$$

现在比较这个总收益和在无穷小 $\mathrm{d}t$ 内持有相同所有权的价值。首先，要花费 $F(x,t)$ 购买企业产品，得到红利或收益为 $\pi(x,t)\mathrm{d}t$ 。若在初始决策时，x 已知，其中没有不确定性，则该项资产产生一个随机的资本收益，根据伊藤引理有：

$$\mathrm{d}F = \left[F_t(x,t) + \alpha xF_x(x,t) + \frac{1}{2}\sigma^2x^2F_{xx}(x,t)\right]\mathrm{d}t + \sigma xF_x(x,t)\mathrm{d}z \tag{2.39}$$

投资每1元的收益为：

$$\left[\frac{F_t(x,t) + \alpha xF_x(x,t) + \frac{1}{2}\sigma^2x^2F_{xx}(x,t)}{F(x,t)}\right]\mathrm{d}t + \frac{\sigma xF_x(x,t)}{F(x,t)}\mathrm{d}z \tag{2.40}$$

如果我们的组合复制了拥有该企业的风险，即在式（2.38）与式（2.40）中 dz 项的系数相同，n 必须满足：

$$\frac{nx}{1+nx}=\frac{xF_x(x,t)}{F(x,t)} \tag{2.41}$$

然而，在市场中风险相同的资产必须获得相同的收益，即在式（2.38）与式（2.40）中 dt 项的系数相同，因而上述选择必须满足：

$$\frac{r+n(\alpha+\delta)x}{1+nx}=\frac{\pi(x,t)+F_t(x,t)+\alpha xF_x(x,t)+\frac{1}{2}\sigma^2x^2F_{xx}(x,t)}{F(x,t)} \tag{2.42}$$

把式（2.41）代入式（2.42），其中式（2.42）称为回报方程，对回报方程化简得到关于价值函数 F 的偏微分方程为：

$$\pi(x,t)-rF(x.t)+F_t(x,t)+(r-\delta)xF_x(x,t)+\frac{1}{2}\sigma^2x^2F_{xx}(x,t)=0 \tag{2.43}$$

式（2.43）与利用动态规划方法推导的式（2.35）非常相似。唯一不同的是无风险利率 r 代替了外生贴现率 ρ，F_x 的系数由 α 变成了（$r-\delta$）。这种推导方法更清晰、更直接地说明了构造复制资产组合的概念。

2.6 拟双曲贴现模型

为了反映实证研究中贴现率下降现象，莱伯森于 1997 年用离散时间贴现函数模拟了时间不一致性偏好过程。时间被分为两个区间：当前区间和未来区间。如果在当前区间获得收益，则用贴现率为 ρ 的指数贴现函数来折现收益；如果在未来区间获得收益，则用贴现率为 ρ 的指数贴现函数和额外因子 $\delta\in(0,1]$ 来折现收益。例如，如果 1 元的收益在第一个时间区间结束时获得，则用 ρ 贴现到当前时刻，因此当前 1 元的现值为 $e^{-\rho}$；而如果 1 元的收益在第 n 个时间区间结束时获得，则用贴现率为 ρ 的指数贴现函数和额外因子 $\delta\in(0,1]$ 折现到当前时刻，因此当前 1 元的现值为 $\delta e^{-\rho n}$（$n>1$）。

为了理解时间偏好不一致性的影响，考虑代理人在 n 时刻投资获得收

益 P_n 和在 $n+1$ 时刻投资获得收益 P_{n+1} 之间选择。在 0 时刻，代理人面临在未来获得收益 $\delta e^{-\rho n}P_n$ 和 $\delta e^{-\rho(n+1)}P_{n+1}$ 之间做出选择。因此，代理人宁愿在 n 时刻获得 P_n 而不愿意在 $n+1$ 时刻获得 P_{n+1}，当且仅当 $P_n > e^{-\rho}P_{n+1}$。当获得收益的时间较长时，跨期的权衡决策是由额外贴现因子 ρ 决定的。接下来，考虑相同的代理人在 $n-1$ 时刻的决策。在 $n-1$ 时刻，代理人把 n 时刻获取的收益视为当前区间获取的收益，而 $n+1$ 时刻获取的收益视为未来区间获取的收益。因此，在 $n-1$ 时刻，同一个代理人面临在当前获得收益 $e^{-\rho}P_n$ 和未来获得收益 $\delta e^{-2\rho}P_{n+1}$ 之间选择，当然他宁愿选择在 n 时刻获得 P_n 而不愿意在 $n+1$ 时刻获得 P_{n+1}，当且仅当 $P_n > \delta e^{-\rho}P_{n+1}$。因此，当面对短期选择时，代理人更没耐心。代理人获取的收益由指数贴现因子 ρ 和额外贴现因子 $\delta<1$ 共同决定。因此，代理人在 0 时刻面对两个未来投资时刻的选择不同于在 $n-1$ 时刻面对的相同的选择。

本书基于哈里斯和莱伯森（Harris and Laibson，2013）的研究，用连续时间的拟双曲贴现函数建立时间不一致性模型。当用贴现函数分析代理人的策略时，把代理人视为一系列成功制定决策的决策者，即被称为第 1 个自我、第 2 个自我……如图 2.1 所示。这里每个自我是随机出现的。每个自我不仅控制当前决策过程，还关心未来自己的决策效用。正如哈里斯和莱伯森（Harris and Laibsor，2013）所述，当前时间是一个随机的、可持续的。用 t_n 表示第 n 个自我的诞生，因此 $\tau_n = t_{n+1} - t_n$ 表示第 n 个自我的寿命。为了简便，假设第 n 个自我的寿命是参数为 λ 的泊松分布。也就是说，未来自己的出生过程可以用参数为 λ 的泊松分布模拟，即出现下一个自我的概率是 $\lambda\Delta t$。

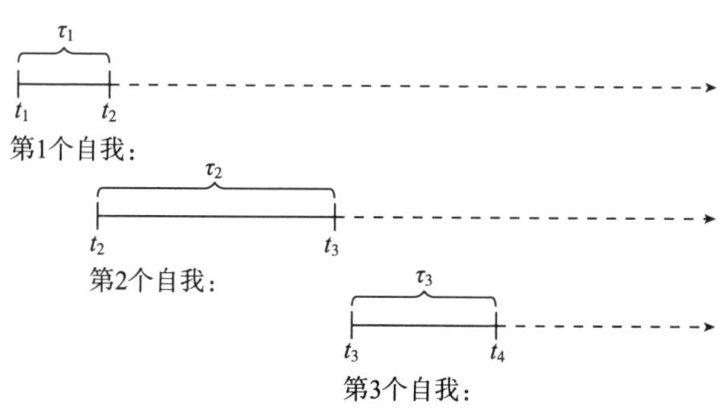

图　一系列独立的自我

假设未来自我的随机到达过程是拟双曲贴现过程。与指数贴现不同的是，当前自我对未来获得报酬估值的方式除了标准的折现率 ρ 外，还有额外贴现因子 $\delta < 1$ 。用 $D_n(t,s)$ 表示代理人的拟双曲贴现函数，对于第 n 个自我，在任意时刻 $t \in [t_n, t_{n+1})$ 评估未来时刻 $s(>t)$ 的单位人民币价值是：

$$D_n(t,s) = \begin{cases} e^{-\rho(s-t)}, & s \in [t, t_{n+1}) \\ \delta e^{-\rho(s-t)}, & s \in [t_{n+1}, \infty) \end{cases} \tag{2.44}$$

哈里斯和莱伯森的研究表明，决策者在现期区间和远期区间采取不同的折现形式。在现期区间 $[t_n, t_{n+1})$ 采取折现率为 ρ 的指数折现，远期区间 $[t_{n+1}, \infty)$ 的折现是在现期区间折现函数的基础上乘以 δ ，其中 $0 < \delta \leqslant 1$ 。这里以第 n 个自我为水平线，第 n 个自我在 t_n（ $t_0 = 0$ ）时刻出生，第 n 个自我被分配到现期区间（从 t_n 到 $t_{n+1}(>t_n)$）和未来区间（从 t_{n+1} 到 ∞ ）。现期区间的长度 $t_{n+1} - t_n$ 为随机变量，并服从参数为 λ 的泊松分布。现期区间的预期长度为 $E(t_{n+1} - t_n) = \dfrac{1}{\lambda}$ ，即有 $\mathbb{P}(t_{n+1} - t_n > t) = e^{-\lambda t}$ 。λ 越大，现期区间的长度越小。在现期区间，第 n 个自我能控制公司并且制定公司决策。此时，贴现函数是 $e^{-\rho t}$ ，其中 $\rho > 0$ 是贴现率。第 n 个自我也关心在未来区间可能产生的收益，但是他（她）估计未来收益低于他（她）当前收益。在贴现函数 $\delta e^{-\rho t}$ 中，额外贴现因子 $\delta \in [0,1]$ 代表这个较低的估值。显然，当第 n 个自我在 t_{n+1} 时刻死亡时，下一个自我 $n+1$ 出生并制定公司决策。第 $n+1$ 个自我的偏好又被分配到现期区间 $[t_{n+1}, t_{n+2})$ 和未来区间 $[t_{n+2}, \infty)$ ，以此类推。

拟双曲贴现函数（2.44）反映了代理人具有递减的时间偏好，且制定短期决策比长期决策更没有耐心。参数 λ 和 δ 共同决定代理人的时间不一致性偏好程度。λ 描绘时间偏好的改变频率，即未来的代理人到来的可能性。随着 λ 越大，代理人未来的自我到达更快。特别地，当 $\lambda = 0$ ，表示现期区间的长度为 ∞ ，而远期区间不存在，此时折现函数退化为关于 ρ 的指数折现，未来自我从不到达，连续贴现函数（2.44）退化为指数贴现函数。$\delta(0 \leqslant \delta \leqslant 1)$ 测度未来估值相对于当前估值的多少。较低的 δ 表示当前自我比未来自我估值更低。特别地，当 $\delta = 0$ 时，当前自我只关注当前利益，而完全忽略公司的长远利益。然而，当 $\delta = 1$ 时，当前区间和未来区间没有区别，此时代理人的时间偏好是一致的。

值得注意的是：（1）贴现函数（2.44）又被称为“个人偏好”或“双曲几何”贴现函数（O'Donoghue and Rabin，1997；Hsiaw，2013）；（2）第 n 个自我也可以解释为公司的第 n 个代理人。在这种情况下，t_n 和 t_{n+1} 也可视为第 n 个代理人任期的开始和结束时间。第 n 个代理人在任职期间能够制定公司决策。显然，他（她）更关注在任期内的决策，而较少地关注他（她）的继承者的利益，故而通过额外因子 δ 估算继承者的利益。

2.7　本章小结

本章介绍了本书涉及的主要数学理论知识和处理不确定性问题的常用方法。在期权定价方法、实物期权方法、资产定价方法等理论中，常用到的数学理论知识有布朗运动、伊藤过程、泊松（Posisson）过程等。对不确定性问题常用的求解方法是动态规划和或有债权分析，动态规划是研究动态优化问题的一种常用工具，而或有债权分析是建立在金融经济学基础上的方法。通过这些方法，可以获得一个投资机会的最优投资形式、投资规模和投资时机，以此得到最优投资决策。最后，本章还阐述了描绘时间不一致性偏好的拟双曲贴现模型。

第3章

基于时间不一致性偏好的最优投资和股利支付决策

本章将代理人的时间不一致性偏好扩展到Q理论框架下博尔顿（Bolton 2011）的经典模型中，重点研究公司的最优投资和股利支付决策。本章研究融资约束的公司在清算、外部融资、信用额度和风险对冲的情况下，时间不一致性偏好对公司决策产生的影响。根据本章模型的研究结果表明，与时间不一致性偏好的代理人相比，时间不一致性偏好的代理人：倾向于以更低的股利、更早地支付现金给股东，导致公司现金持有量和筹集的融资量更低；在现金流较高区域降低投资，在现金较低区域减少有成本的资产变卖；更早地选择停止使用股指期货对冲现金流风险。此外，本章的研究还表明，代理人的时间不一致性偏好降低公司价值和现金流的边际价值。这些结论都表明，公司决策高度依赖于代理人的时间不一致性偏好。

3.1 引言

博尔顿等（Bolton et al，2011）在2011年提出一个关于有融资约束公司的动态投资、融资和风险管理模型，他们在模型中假设决策者的时间偏好是一致性的，也就是说，他们采用传统的指数贴现函数作为贴现率来估计公司的股东价值。然而，关于时间偏好一致性的假设是不符合实际的，决策者通常具有时间偏好不一致性（这种偏好也被称为“个人偏见”）。因此，本章将代理人的时间偏好不一致性扩展到博尔顿等（Bolton et al，

$$dW_t = (r - \kappa)W_t dt + dY_t - dU_t + dH_t \tag{3.5}$$

式（3.5）中，r是现金流收益率，κ是携带净现金流产生的成本，dH_t表示外部融资的现金流入，dU_t表示企业的现金流出，dH_t和dU_t是由公司内生决定的。

本章考虑外部股权融资和内部融资两种情况：内部融资时，$H_t = X_t = 0$；外部股权融资时，融资金额为H_t，产生的成本为X_t。

3.3 模型求解

当公司面临外部融资成本时，为了降低融资成本，代理人利用内部资金进行投资。公司价值主要依赖两个状态变量：现金存量W和资本存量K。本章主要在三个区域研究公司决策和公司价值：（1）外部融资或清算区域，即当公司的现金存量W低于或等于一个内生性的下边界$\underline{W}$时，说明公司处于外部融资或清算区域；（2）股利支付区域，即当公司的现金存量W大于等于一个内生性的上边界$\bar{w}$，说明公司处于股利支付区域；（3）内部融资区域，即当公司的现金存量W处于下边界$\underline{W}$和上边界$\bar{W}$之间时，说明公司处于内部融资区域。下面首先分析代理人具有时间一致性偏好的情况。

3.3.1 时间一致性模型

具有时间一致性偏好的代理人选择最优投资策略I_1、股利支付策略U、外部融资策略H和清算时刻T去最大化股东价值：

$$\mathbb{E}_0\left[\int_0^T e^{-rs}(dU_s - dH_s - dX_s) + e^{-rT}(lK_T + W_T)\right] \tag{3.6}$$

式（3.6）中，第一项表示净支付给股东的贴现值，第二项表示清算时的贴现值。最优性意味着公司从不清算，此时有$T = \infty$。

用$F(K,W)$表示代理人有时间一致性偏好时公司价值。当公司的现金流较高时，代理人需要把公司多余的现金支付给股东，以避免产生持有现金成本或额外消费。然而，当公司的现金流比较低时，代理人将选择清算或者外部融资。

在内部融资区域，根据伊藤引理，公司价值满足 Hamilton-Jacobi-Bellman（HJB）方程：

$$rF(K,W) = \max_{I_1}(I_1 - \delta K)F_K(K,W) + [(r-\kappa)W + \mu K - I_1 - G(I_1,K)]F_W(K,W) + \frac{\sigma^2 K^2}{2}F_{WW}(K,W) \quad (3.7)$$

式（3.7）中，I_1 表示在时间一致性偏好下公司的投资，$F_W(K,W)$ 表示流动性财富的边际价值，$F_K(K,W)$ 表示企业资本的边际价值，$F_{WW}(K,W)$ 表示现金流的波动性对公司价值的影响。值得注意的是，式（3.7）右边第一项反映的是净投资对公司价值的边际影响，第二项表示公司预期储蓄对公司价值的影响，最后一项表示持有现金流的波动率对公司价值的影响。

基于公司的生产技术规模不变性，以及公司价值在任何状态是 K 和 W 的一次齐次函数，因此可把公司价值记为 $F(K,W) = f(w)K$，最优投资记为 $I_1 = i_1(w)K$，其中 $w = \frac{W}{K}$ 表示现金流与资本的比值，则有 $F_K(K,W) = f(w) - wf'(w)$，$F_W(K,W) = f'(w)$，$F_{WW}(K,W) = \frac{f''(w)}{K}$。故 $F(K,W)$ 的 HJB 方程可转换为关于 $f(w)$ 的一维常微分方程（ODE）：

$$rf(w) = (i_1 - \delta)(f(w) - wf'(w)) + [(r-\kappa)w + (\mu - i_1 - g(i_1))]f'(w) + \frac{\sigma^2}{2}f''(w) \quad (3.8)$$

最优投资—资本比为：

$$i_1(w) = \frac{1}{\theta}\left(\frac{f(w)}{f'(w)} - w - 1\right) \quad (3.9)$$

对式（3.9）求 w 的微分，得最优投资-资本比的灵敏性条件为：

$$i'_1(w) = -\frac{1}{\theta}\frac{f(w)f''(w)}{(f'(w))^2} \quad (3.10)$$

式（3.10）表明，当且仅当公司价值函数 $f(w)$ 为凹函数时，公司投资随着 w 增加而增加。由于 $f(w)$ 是凹函数且大于零，则有 $f''(w) \leqslant 0$，故而

$i'(w) \geqslant 0$ 。

为了避免公司因持有过多现金量而导致代理人过度投资、过度消费等对公司不利现象的发生，则公司持有现金量达到一定数额后需要立即一次性将多余的现金支付给股东。在股利支付区域，当公司持有现金量的边际价值低于股东持有现金量的边际价值时，则代理人开始支付现金给股东。用 $\bar{w}_1$ 表示代理人具有时间一致性偏好下的内生股利支付边界。因此股利支付边界条件为：

$$f'(\bar{w}_1) = 1 \tag{3.11}$$

同时，杜马斯（Dumas，1991）的研究表明，最优股利支付边界满足二阶粘贴条件：

$$f''(\bar{w}_1) = 0 \tag{3.12}$$

另外，如果 $f'(\bar{w}_1) < 1$ ，则代理人分红给股东使现金流减少到 $\bar{w}_1$ ，因此有：

$$f(w) = f(\bar{w}_1) + (w - \bar{w}_1), w > \bar{w}_1 \tag{3.13}$$

虽然公司可以在任何时刻选择清算或再融资，但是最优选择是耗尽公司的现金 $\bar{w}_1 = 0$ 时才执行清算或再融资。直觉上，(1) 因为投资会产生调整成本，同时公司生产是有效的，因此公司不想过早清算；(2) 在外部融资情况下，公司的内部现金会赚得市场利率，同时也存在外部融资成本的时间价值。因此，过早进行外部融资没有任何好处，而最优选择是尽可能地推迟外部融资。

在外部融资或清算区域，当公司的期望生产率 μ 较低或融资成本较高时，时间一致性偏好的代理人宁愿选择清算而不选择再融资。此时，最优清算边界是 $\bar{w}_1 = 0$ ，且公司的清算价值是：

$$f(0) = l \tag{3.14}$$

然而，当公司的期望生产率较高或外部融资成本较低时，时间一致性偏好的代理人更愿意选择外部融资，而不选择清算。在固定融资成本时（ $\varphi > 0$ ），发行股票是一次性的。公司每次融资需要支付固定融资成本 φK，并且每单位融资量将产生边际成本 γ 。假设在时间一致性偏好下，公司融资量为 $m_1 K$ ，其中 $m_1 > 0$ 是由下面的方程决定的。因此在 $\bar{w}_1 = 0$ 时，关于公司价值和融资边界 m_1 的平滑粘贴条件为：

$$f(0) = f(m_1) - \varphi - (1+\gamma)m_1, f'(m_1) = 1+\gamma \tag{3.15}$$

3.3.2 时间不一致性模型

当用拟双曲贴现函数分析代理人的策略时，把代理人视为一系列成功制定决策的决策者（也被称为第 1 个自我、第 2 个自我、…）。因此，用 $D(t,s)$ 表示代理人的贴现函数。对于第 n 个自我，在任意时刻 $t \in [t_n, t_{n+1})$，对未来时刻 $s(>t)$ 单位收益的估值是：

$$D_n(t,s) = \begin{cases} e^{-\xi(s-t)}, s \in [t, t_{n+1}) \\ \beta e^{-\xi(s-t)}, \in [t_{n+1}, \infty) \end{cases} \tag{3.16}$$

式（3.16）中，参数 λ 和 β 共同决定代理人的时间不一致性偏好程度。λ 描绘时间偏好的改变频率，即未来的代理人到来的可能性；β 测度未来估值相对于当前估值的权重，β 较低表示当前自我比未来自己我对未来收益的估值更低。

现在考虑代理人具有时间不一致性偏好的情况。时间不一致性偏好的代理人可分为幼稚型和成熟型两类。幼稚型代理人错误地认为未来自我的偏好不会随着时间而改变，即认为未来自我会按照当前自我的偏好制定策略。事实上，根据拟双曲贴现函数，第 0 个自我用贴现函数 $D_0(t,s)$，未来的第 1 个自我用贴现函数 $D_1(t,s)$，未来的第 2 个自我用贴现函数 $D_2(t,s)$ 等。但是幼稚型代理人错误地认为，未来的所有自我贴现函数都用 $D_0(t,s)$。成熟型代理人能准确地预测未来自我的实际偏好和实际策略，即根据未来自我的偏好正确的制定策略。也就是说，第 n 个成熟型代理人可以完全正确地根据自己的偏好制定策略，并且未来的所有成熟型代理人都是如此。因此，第 n 个成熟型代理人和第 $n+1$ 个成熟型代理人的策略是一致的。本章为了简化模型，仅讨论成熟型代理人的情况。

在时间不一致性偏好情况下，任何时刻 $t \in [t_n, t_{n+1})$ 代理人的目的是选择公司投资 I、股利支付策略 U、外部融资策略 H 和清算时刻 T 以最大化股东价值：

$$\mathbb{E}_t\left[\int_t^T D_n(t,s)(\mathrm{d}U_s - \mathrm{d}H_s - \mathrm{d}X_s) + D_n(t,T)(lK_T + W_T)\right] \tag{3.17}$$

式（3.17）中，第一项是支付给股东股利的现值，第二项是清算时刻的现值。如果 $T = \infty$，表明公司的最优决策是永不清算。

用 $P(K,W)$ 和 I_2 分别表示时间不一致性偏好情况下公司价值和公司投资。因此在内部融资区域，根据广义的伊藤引理，公司价值满足 HJB 方程：

$$\begin{aligned}\xi P(K,W) = {} & \max_{I_2}(I_2 - \delta K)P_K(K,W) + [(r-\kappa)W + \mu K - I_2 - G(I_2, \\ & K)]P_W(K,W) + \frac{\sigma^2K^2}{2}P_{WW}(K,W) + \lambda[\beta H(K,W) - P(K,W)]\end{aligned} \tag{3.18}$$

式（3.18）中，函数 $H(K,W)$ 为：

$$\begin{aligned}\xi H(K,W) = {} & (I_2 - \delta K)H_K(K,W) + [(r-\kappa)W + \mu K - I_2 - G(I_2, \\ & K)]H_W(K,W) + \frac{\sigma^2K^2}{2}H_{WW}(K,W)\end{aligned} \tag{3.19}$$

式（3.19）中，函数 $H(K,W)$ 被定义为成熟型代理人的连续价值函数。由于当前自我和未来的所有自我都选择投资策略 I_2，因此成熟型代理人用函数 $H(K,W)$ 调节自我的内在平衡。当前自我在时间区间 $[t_n, t_{n+1})$ 的投资策略是 I_2，且退出企业管理的概率为 ζ，所以当前自我退出管理企业时公司价值改变量为 $\rho H_2(K,W) - P_2(K,W)$。因为下一个自我也采用拟双曲贴现函数，故下一个自我接管企业时制定的投资策略也是 I_2。也就是说，式（3.19）表示成熟型代理人的当前自我希望未来的所有代理人在制定决策时都采用拟双曲贴现函数，从而未来的所有代理人都使用最优投资策略 I_2。因此式（3.18）等式右边最后一项表示因成熟型代理人的时间不一致性偏好改变，使公司价值产生的平均改变量 $\lambda[\beta H(K,W) - P(K,W)]$。

基于生产技术的规模不变性，可令 $P(K,W) = p(w)K$ 和 $H(K,W) = h(w)K$，投资 $I_2 = i_2(w)K$，其中 $w = \frac{W}{K}$ 表示现金流与资本的比值。因此在内部融资区域，根据式（3.18）和式（3.19），关于 $p(w)$ 的一维常微分方程（ODE）为：

$$\xi p(w) = \max_{i_2}(i_2 - \delta)(p(w) - wp'(w)) + [(r - \kappa)w + \mu - i_2 - g(i_2)]p'(w) + \frac{\sigma^2}{2}p''(w) + \lambda[\beta h(w) - p(w)] \tag{3.20}$$

式（3.20）中，函数 $h(w)$ 为：

$$\xi h(w) = (i_2 - \delta)(h(w) - wh'(w)) + [(r - \kappa)w + \mu - i_2 - g(i_2)]h'(w) + \frac{\sigma^2}{2}h''(w) \tag{3.21}$$

式（3.20）中，右边最后一项表示代理人的时间不一致性偏好对公司价值的影响。一旦第 n 个代理人离职，则第 $n+1$ 个代理人就职，此时公司价值会突然降低 $\beta h(w) - p(w)$ 。因此，最后一项表示公司价值的平均改变量 $\lambda[\beta h(w) - p(w)]$ 。由于代理人的时间不一致性偏好随机改变，这个改变满足参数为 λ 的泊松分布。

关于 $i_2(w)$ 的一阶最优条件为：

$$i_2(w) = \frac{1}{\theta}\left(\frac{p(w)}{p'(w)} - w - 1\right) \tag{3.22}$$

投资的现金敏感性为：

$$i'_2(w) = -\frac{1}{\theta}\frac{p(w)p''(w)}{(p'(w))^2} \tag{3.23}$$

式（3.22）表明，在时间不一致性偏好下公司的投资随 w 递增当且仅当 $p(w)$ 是凹函数时。

与时间一致性（BCW）模型相似，在股利支付区域，当公司的现金-资本比足够高时，代理人开始支付股利给股东。用 $\bar{w}_2$ 表示时间不一致性偏好下的最优股利支付边界，且满足粘贴条件：

$$p'(\bar{w}_2) = 1, \ p''(\bar{w}_2) = 0 \tag{3.24}$$

同时有：

$$p(w) = p(\bar{w}_2) + (w - \bar{w}_2), \ w > \bar{w}_2 \tag{3.25}$$

此外，关于函数 $h(w)$ 的上边界条件为：

$$h'(\bar{w}_2) = 1, \ h(w) = h(\bar{w}_2) + (w - \bar{w}_2), \ w > \bar{w}_2 \tag{3.26}$$

式（3.26）中，上边界 $\bar{w}_2$ 由式（3.24）决定。

在外部融资或清算边界，当公司的预期生产率较低或外部融资成本较高时，公司选择清算，此时最优清算边界为 $\bar{w}_2 = 0$ ，公司的清算价值为：

$$p(0) = l , h(0) = l \tag{3.27}$$

然而，当公司的预期生产率较高或外部融资成本较低时，公司的最优选择是外部融资。公司需要支付单位资产的固定融资成本 φ 和每单位融资量的边际成本 γ 。假设在时间不一致性偏好下，公司融资量为 m_2K ，其中 $m_2 > 0$ 由下面的方程内生决定。因此，在 $\bar{w}_2 = 0$ 的边界条件和关于 m_2 的平滑粘贴条件为：

$$p(0) = p(m_2) - \varphi - (1 + \gamma)m_2 , p'(m_2) = 1 + \gamma \tag{3.28}$$

另外，关于函数 $h(w)$ 的下边界条件为：

$$h(0) = h(m_2) - \varphi - (1 + \gamma)m_2 \tag{3.29}$$

式（3.29）中，融资量 m_2 由式（3.28）决定。

3.4 定量分析

现在定量分析时间不一致性模型和时间一致性（BCW）模型。表 3.1 汇总了两个模型的关键变量和参数值。参数取值与 BCW 模型一致。特别地，$\xi = r = 6\%$ 。

表 3.1　关键变量和参数取值汇总

变量	符号	参数	符号	参数值（%）
资本存量	K	无风险利率	r	6.00
现金存量	W	生产波动率	σ	9.00
累计支付股利	U	折旧率	δ	10.07
投资调整成本	G	风险中性收益率	μ	18.00
拟双曲贴现函数	D	调整成本	θ	150.00
时间一致性/不一致性下的投资	I_1/I_2	携带现金成本	κ	1.00
时间一致性/不一致性下公司价值	F/P	资产清算值	l	90.00
时间一致性/不一致性下最优股利支付边界	$\bar{w}_1/\bar{w}_2$	固定融资成本	φ	1.00

续表

变量	符号	参数	符号	参数值（%）
时间一致性/不一致性下融资量	m_1/m_2	融资成本	γ	6.00
时间一致性/不一致性下均值 q	q_{a_1}/q_{a_2}			
时间一致性/不一致性下边际 q	q_{m_1}/q_{m_2}			

3.4.1 清算情况

现在主要讨论当公司耗尽现金存量时公司选择清算的情况，分析代理人的时间不一致性偏好对公司价值、投资和股利支付决策的影响。

图 3.1 给出 $\lambda = 0.2$ 和 $\beta = 0.9$ 时单位资本中企业价值、现金流的边际价值和投资。图 3.1 的子图 A 显示在时间不一致性模型中最优股利支付边界（$\bar{w}_2 = 0.154$）比在 BCW 模型中的值（$\bar{w}_1 = 0.224$）低 31.2%。这表明，在时间不一致性模型中公司持有现金存量更少。直觉上，由于时间不一致性偏好的代理人估计未来分配的股利比当前分配的股利更低，因此他（她）更倾向于在当前区域以较低的股利更早地支付给股东。另一方面，公司的现金存量会产生持有现金成本。为了减少持有现金成本，时间不一致性偏好的代理人更早地支付股利使现金存量降低。

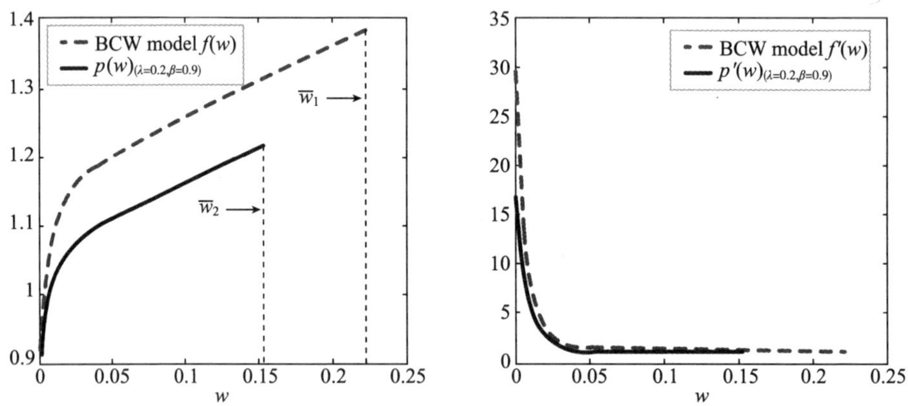

A.公司价值-资本比在两个模型中的差异　　B.现金流边际价值在两个模型中的差异

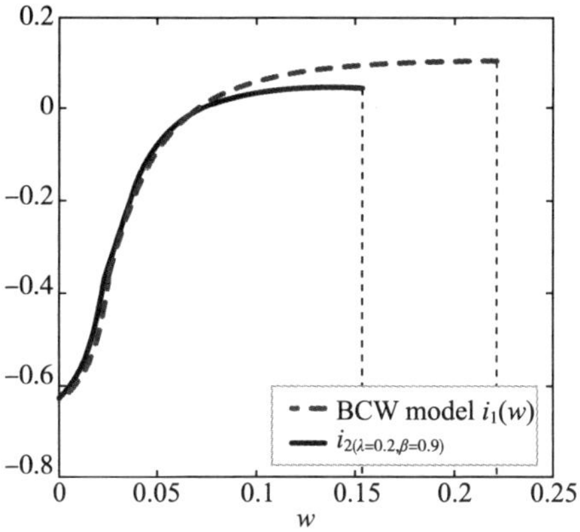

C.投资-资本比在两个模型中的差异

图 3.1　在清算的情况下公司价值—资本比、
现金流边际价值和投资—资本比在两个模型中的差异

另外，给出一个定值 w，$p(w)$ 和 $f(w)$ 之间存在的差异如图 3.1 的子图 A 所示。例如，在 $w = 0.101$ 处，$p(0.101) = 1.163$ 比 $f(0.101) = 1.257$ 低 7.5%，这个差异反映了由代理人的时间不一致性偏好引起公司价值的减少量。直觉上，由于代理人未来的自己是随机到达的，因此时间不一致性偏好的代理人以一个额外因子 β 贴现公司价值，当公司现金流大于零时公司价值会突然减少。特别地，在最优股利支付边界，$p(\bar{w}_2) = 1.216$ 比 $f(\bar{w}_1) = 1.379$ 低 11.82%。

由图 3.1 的子图 B 知，在较低现金区域，现金流边际值 $p'(w)$ 比 $f'(w)$ 低，同时 $p(w)$ 和 $f(w)$ 都是随 w 递增的凹函数。值得注意的是，$p'(0)$ 的值为 19 而 $f'(0)$ 的值高达 30，也就是说，$p'(0)$ 比 $f'(0)$ 低 36.67%。这个结果表明，在较低现金区域代理人的时间不一致性偏好使现金流的边际价值降低更多。

图 3.1 的子图 C 表明最优投资—资本比在两个模型中随 w 的变化情况。与时间一致性偏好的代理人相比，在较高现金区域时间不一致性偏好的代理人投资更少（即 $i_2(w)$ 较低），在较低现金区域资产变卖减少（即 $i_2(w)$ 较高）。在较高现金区域，由于时间不一致性偏好的代理人现金持有量更少，因此为了增加公司的预防性储蓄，代理人减少投资。例如，在 $w =$

0.119 处，$i_2(0.119)=0.047$ 比 $i_1(0.119)=0.08$ 低 41.25%；在最优股利支付边界，$i_2(\bar{w}_2)$ 仅为 0.052，比 $i_1(\bar{w}_1)=0.106$ 低 50%。相反地，在低现金区域，代理人在时间不一致性模型中变卖的资产比在 BCW 模型中变卖的资产少。即使在公司耗尽现金流时，$i_2(0)=-0.636$ 比 $i_1(0)=-0.647$ 低 1.7%。直觉上，在低现金区域，时间不一致性偏好的代理人变卖的资产更少是为了使公司运营更久。可见，代理人的时间不一致性偏好对公司投资影响较大。

3.4.2 两种偏好下的均值 q 和边际 q

现在研究代理人的时间不一致性偏好对均值 q 和边际 q 的影响。均值 q 是指资产的平均值。边际 q 是指资产的边际价值，测度单位资本增加对公司价值的影响。用 $q_{a_2}(w)$ 表示代理人在时间不一致性偏好下的均值 q：

$$q_{a_2}(w)=\frac{P(K,W)-W}{K}=p(w)-w \tag{3.30}$$

用 $q_{m_2}(w)$ 表示代理人的时间不一致性偏好下的边际 q：

$$q_{m_2}(w)=\frac{\mathrm{d}P(K,W)-W}{\mathrm{d}K}=p(w)-wp'(w) \tag{3.31}$$

同时，在 BCW 模型中，用 $q_{a_1}(w)$ 和 $q_{m_1}(w)$ 分别表示时间一致性偏好下的均值 q 和边际 q。

图 3.2 描绘了 BCW 模型和时间不一致性偏好下的均值 q 和边际 q。由图 3.2 可知，均值 q 和边际 q 在时间不一致性模型中的值都低于 BCW 模型中的值。例如，在 $w=0.119$ 处，$q_{a_2}(0.119)=1.062$ 比 $q_{a_1}(0.119)=1.152$ 低 8.13%，$q_{m_2}(0.119)=1.063$ 比 $q_{m_1}(0.119)=1.153$ 低 7.81%。然而，在最优股利支付边界，时间不一致性偏好下的均值 q 和边际 q 都等于 1.062，比 BCW 模型中的 1.157 低 8.21%. 这表明时间不一致性偏好的代理人对均值 q 和边际 q 也有较大的影响。

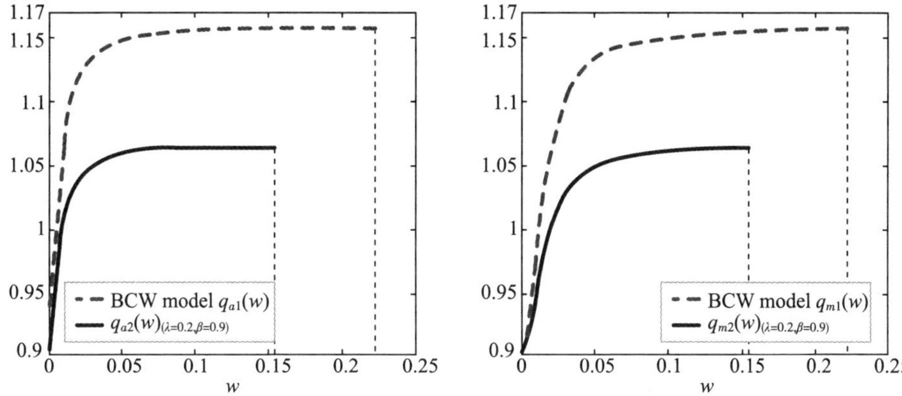

A.均值q在两个模型中的差异　　　B.边际q在两个模型中的差异

图 3.2　在清算的情况下均值 q 和边际 q 在两个模型中的差异

3.4.3　时间不一致性偏好程度对最优股利支付边界的影响

现在分析时间不一致性偏好程度（β 和 λ）对股利最优股利支付边界的影响。图3.3 展示了β（此时固定参数$\lambda = 0.5$）和λ（此时固定参数$\beta = 0.95$）在 BCW 模型和时间不一致性模型中对最优股利支付边界的影响。这表明最优股利支付边界在时间不一致性模型中比在 BCW 模型中更低。特别地，当$\beta = 1$或$\lambda = 0$时，由于时间不一致性偏好逐渐退化为时间一致性偏好，因此有 $\bar{w}_2$ 与 $\bar{w}_1$ 相等。图 3.3 的子图 A 显示，在时间不一致性模型中股利的最优支付边界随β增加而增加。这表明当具有时间不一致性偏好的代理人更关注未来时，就会倾向于延迟支付股利给股东。同时，图 3.3 的子图 B 显示随着λ增加，股利最优支付边界 $\bar{w}_2$ 逐渐降低并趋于其未来值（即$\lambda = 1$的情况）。也就是说，当时间不一致性偏好的代理人更频繁地改变自己的偏好或者缩短自己偏好的当前区间，则时间偏好不一致性的代理人会更早地支付股利。这种现象表明，随着时间不一致性偏好程度增加，时间不一致性偏好的代理人将以一个更低的股利更早地支付给股东，使公司的现金存量降低。

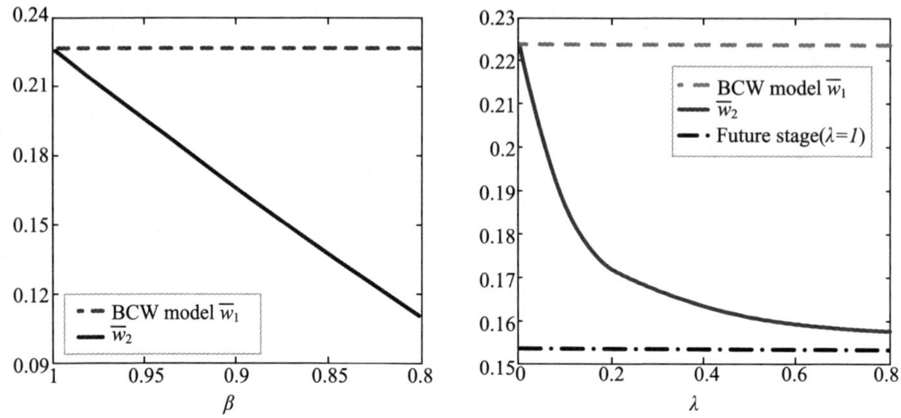

A.参数β对最优股利支付边界的影响　　B.参数λ对最优股利支付边界的影响

图 3.3　参数 λ 和 β 对最优股利支付边界的影响

注：图 3.3 中 $\bar{w}_1$ 与 $\bar{w}_2$ 分别代表 BCW 模型和时间不一致性模型中最优股利支付边界；未来状态（Future stage）是指在时间不一致性模型中 $\lambda = 1$ 和 $\beta = 0.95$ 时的最优股利支付边界。

3.4.4　时间不一致性偏好程度对公司价值和投资的影响

在公司选择清算的情况下，存在一个有趣现象：对于给定的 w，公司价值随着代理人的时间不一致性偏好程度的增加（β 减少或 λ 增加）而降低；公司的投资在较低现金区域随着代理人的时间不一致性偏好程度的增加而增加，然而在较高现金区域随着 β 的增加而增加，且与 λ 呈非单调性。

现在研究代理人的时间不一致性偏好程度对公司价值和投资的影响。为了便于研究，固定 $\lambda = 0.2$，随机选择 $\beta = 0.95, 0.9, 0.8$ 研究 β 在 $p(w)$ 和 $i_2(w)$ 中的差异（如图 3.4 的子图 A 和子图 B）。在这种情况下，当 $\lambda = 0.2$ 和 $\beta = 0.8$ 时，公司有最小的支付边界（0.121），因此在内部现金区域 [0　0.121] 分析差异性。类似地，固定 $\beta = 0.95$ 并随机选择 $\lambda = 0.1, 0.2, 0.6$ 研究 λ 在 $p(w)$ 和 $i_2(w)$ 中的差异（如图 3.4 的子图 C 和子图 D）。当 $\lambda = 0.6$ 和 $\beta = 0.95$ 时，公司有最小的支付边界（0.167），因此我们主要在内部现金区域 [0　0.167] 分析差异性。

在图 3.4 的子图 A 中，$p(w)_{\beta=0.95} - p(w)_{\beta=0.9} > 0$ 和 $p(w)_{\beta=0.9} - p(w)_{\beta=0.8} > 0$ 分别表示 $p(w)_{\beta=0.95} > p(w)_{\beta=0.9}$ 和 $p(w)_{\beta=0.9} > p(w)_{\beta=0.8}$，即 $p(w)_{\beta=0.95} > p(w)_{\beta=0.9} > p(w)_{\beta=0.8}$。同样地，从图 3.4 的子图 C 中也

可得到$p(w)_{\lambda=0.1} > p(w)_{\lambda=0.2} > p(w)_{\lambda=0.6}$。

由图3.4知，当w确定时，随着代理人的时间不一致性偏好程度越高（β较低或λ较高），则$p(w)$越低。当现金存量较低时，$i_2(w)$随着代理人的时间不一致性偏好程度的增加而增加，这表明代理人的时间不一致性偏好使公司变卖更少的资产。当持有现金较高时，$i_2(w)$随着β的增加而增加，并且与λ呈非单调性（也就是说，在这个模型的参数选择下，当$\lambda \leqslant 0.2$时$i_2(w)$随λ的增加而降低，当$\lambda > 0.2$时$i_2(w)$随λ的增加而增加）。这些研究结果表明，公司价值和投资都较大程度的依赖于参数β和λ。

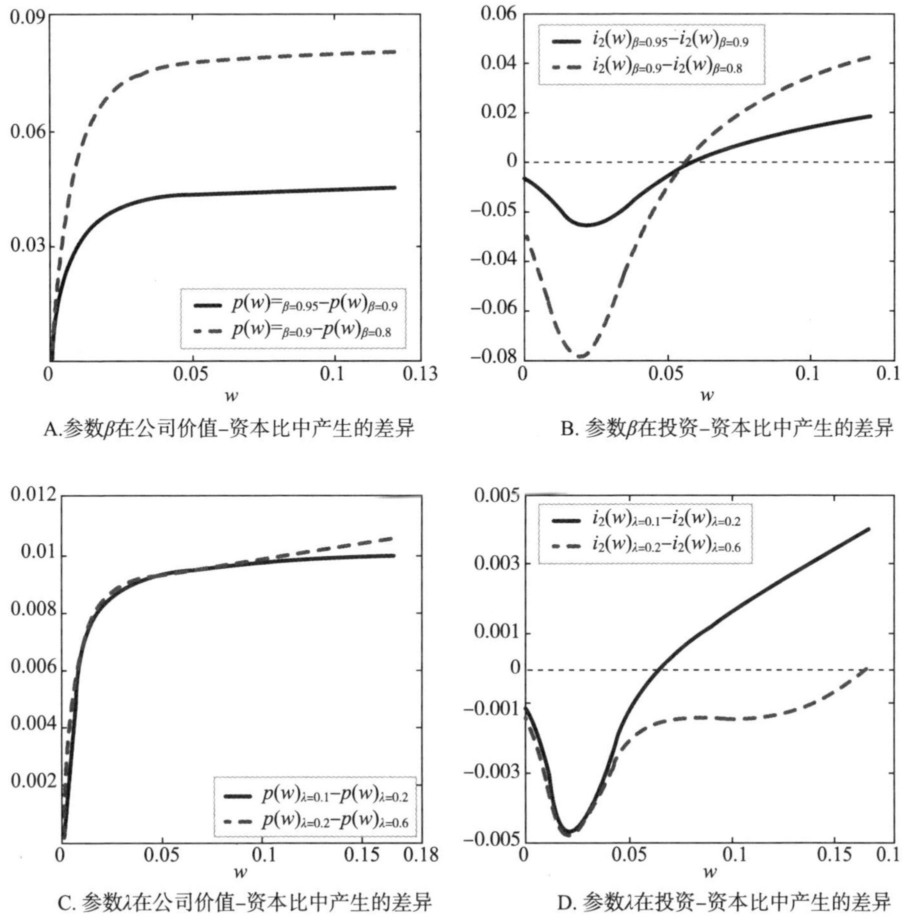

图3.4　参数λ和β分别在公司价值以及投资中产生的差异

注：图3.4中$p(w)_{\beta=0.95}$和$i_2(w)_{\beta=0.95}$分别表示当$\beta=0.95$和$\lambda=0.2$时公司价值—资本比和投资—资本比。对于其他的符号也是如此，如$p(w)_{\beta=0.9}$、$p(w)_{\lambda=0.1}$和$i_2(w)_{\beta=0.9}$。

为了进一步阐明上述现象，我们随机选择现金存量—资产比为 $\hat{w}$ = 0.101 时研究 β（此时固定 $\lambda = 0.5$）和 λ（此时固定 $\beta = 0.95$）对 $p(\hat{w})$ 和 $i_2(\hat{w})$ 的影响。第一，图 3.5 表明，$p(\hat{w})$ 和 $i_2(\hat{w})$ 分别低于 $f(\hat{w})$ 和 $i_1(\hat{w})$。特别地，当 $\beta = 1$ 或 $\lambda = 0$（即意味着时间不一致性模型退化为 BCW 模型）时，$p(\hat{w})$ 和 $i_2(\hat{w})$ 分别与 $f(\hat{w})$ 和 $i_1(\hat{w})$ 相等。第二，图 3.5 的子图 A 和图 3.5 的子图 C 表明，$p(\hat{w})$ 随着代理人的时间不一致性偏好程度增加而降低。其中，随着 λ 增加，$p(\hat{w})$ 逐渐降低并趋于它未来的值（$\lambda = 1$ 的情况）。由图 3.5 的子图 B 和图 3.5 的子图 D 可知，$i_2(\hat{w})$ 随着 β 的增加而增加，且与 λ 呈非单调性（也就是说，随着 λ 增加，$i_2(w)$ 快速降低，随后缓慢增加，最终趋于它未来的值（$\lambda = 1$ 的情况））。

现在解释为什么公司投资—资本比 $i_2(\hat{w})$ 是关于 λ 非单调的。直觉上，一方面，对于较低的 $\lambda(\leqslant 0.2)$，公司将囤积更多现金（即最优股利支付边界更高）。因此，在 $\hat{w} = 0.101$ 时刻，时间不一致性偏好的代理人为了获得更多现金而快速降低投资。另一方面，随着 $\lambda(>0.2)$ 增加，公司的现金存量逐渐稳定（即最优股利支付边界稳定于其未来值（$\lambda = 1$ 的情况））。因此，在 $\hat{w} = 0.101$ 时刻，公司投资逐渐增加并趋于其未来值（$\lambda = 1$ 的情况）。

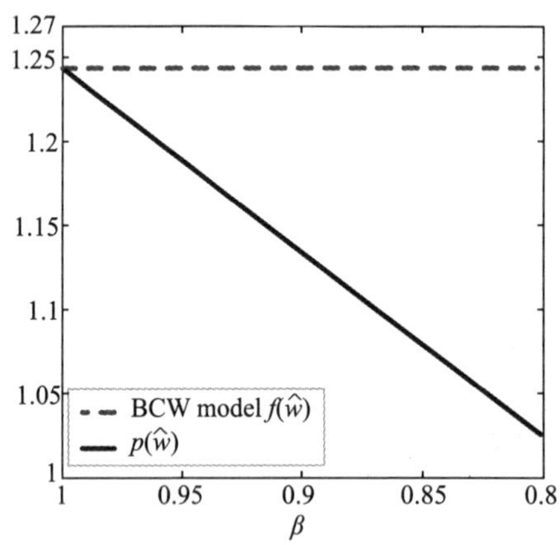

A.参数β对公司价值–资本比的影响

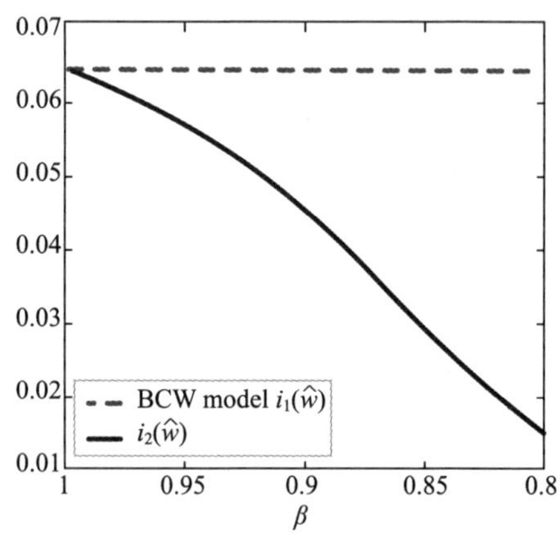

B.参数β对投资–资本比的影响

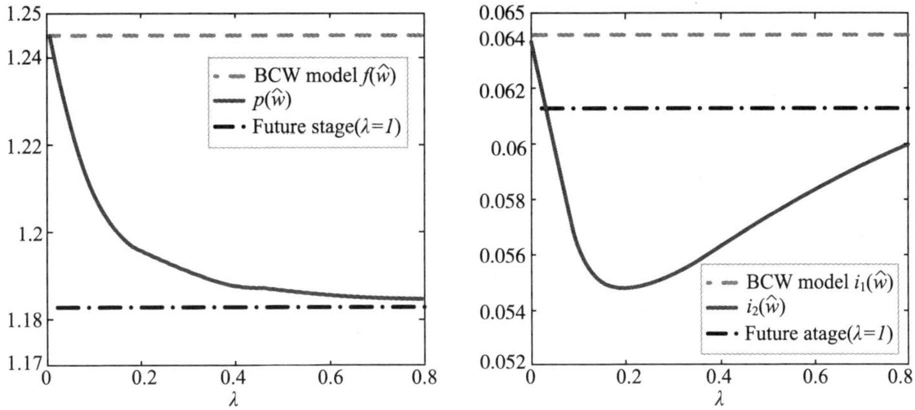

C.参数λ对公司价值-资本比的影响　　D.参数λ对投资–资本比的影响

图 3.5 参数 β 和 λ 对公司价值—资本比和投资—资本比的影响

注：图 3.5 中，在 $\hat{w}$ = 0.101 处，在 BCW 模型中，公司价值—资本比和投资—资本比分别用 $f(\hat{w})$ 和 $i_1(\hat{w})$ 表示；在时间不一致性模型中，公司价值—资本比和投资—资本比分别用 $p(\hat{w})$ 和 $i_2(\hat{w})$ 表示；未来状态（Future stage）是指当 β = 0.95 和 λ = 1 时，在时间不一致性模型中公司价值 - 资本比或投资 - 资本比。

总之，从图 3.3、图 3.4 和图 3.5 可知，当代理人的时间不一致性偏好程度增加时，公司价值降低，且时间不一致性偏好的代理人以更低的股息、更早地支付股利给股东。在较低现金区域，出售的资产随着代理人的时间不一致性偏好程度增加而减少；在较高现金区域，投资随着 β 的增加而增加，但与 λ 呈非单调性。这种现象表明公司价值、投资和股利支付决策都与代理人的时间不一致性偏好程度存在较大相关性。当然，这个有趣的现象不仅出现在公司面临清算的情况中，还出现在公司选择外部股权融资的情况中。

3.4.5　外部股权融资

接下来考虑公司选择外部股权融资的情况。图 3.6 描绘了代理人在四种不同程度的时间不一致性偏好条件下，公司价值—资本比、投资—资本比和现金流边际值与 w 的关系。图 3.6 的子图 A 表明，当代理人的时间不一致性偏好程度越高时，具有时间不一致性偏好的代理人从外部筹集的融资量更少。例如，当 $\beta = 0.9$ 和 $\lambda = 0.2$ 时，融资量—资本比 $m_2 = 0.031$ 比 $m_1 = 0.061$ 低 49.18%。

直觉上，由于外部融资除了固定融资成本外还有比例融资成本，因此时间不一致性偏好的代理人为了减少外部融资成本而发行更少的股票数量。

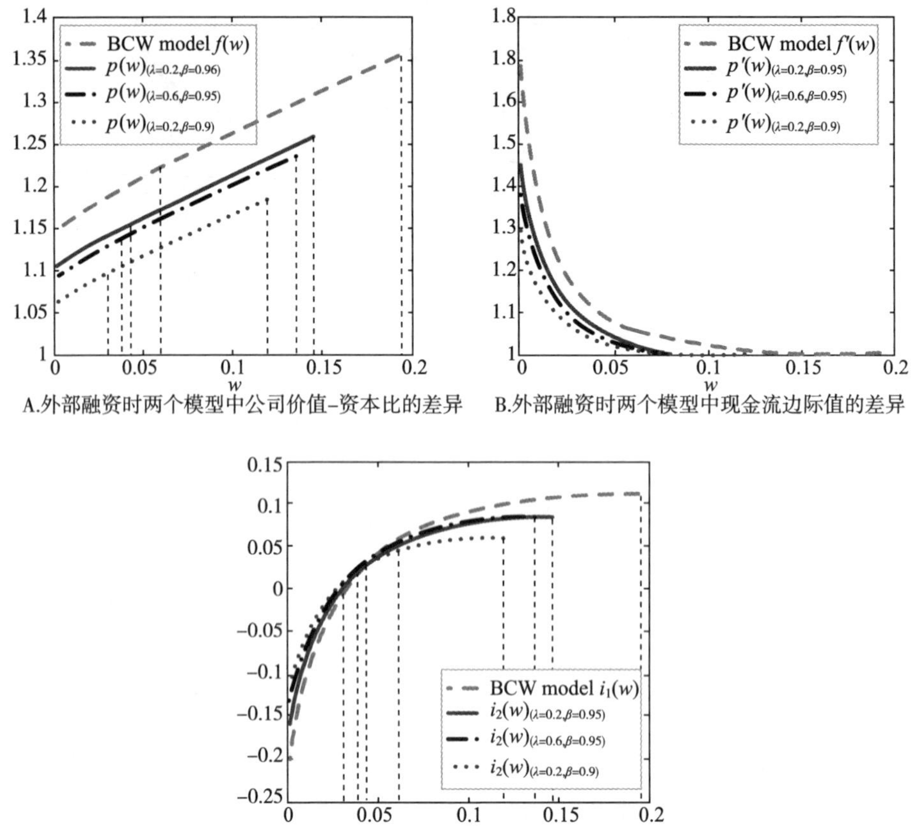

图 3.6 两个模型中公司价值—资本比、现金流边际值和投资—资本比在外部融资情况下的差异

值得注意的是，公司价值、现金流边际值和股利最优支付边界都随着时间不一致性偏好程度的增加而降低（见图 3.6 的子图 A 和子图 B）。例如，$p(0.101)=1.165$（当 $\beta=0.9$ 和 $\lambda=0.2$ 时）比 $f(0.101)=1.261$ 低 7.61%；$p'(0)=1.3$（当 $\beta=0.9$ 和 $\lambda=0.2$ 时）比 $f'(0)=1.7$ 低 23.51%；$\bar{w}_2=0.119$（当 $\beta=0.9$ 和 $\lambda=0.2$ 时）比 $\bar{w}_1=0.194$ 低 38.67%。这反映

了在外部股权融资情况下代理人的时间不一致性偏好降低了公司价值、现金流边际值和股利最优支付边界。

与清算情况类似，公司投资在较低现金区域随着时间不一致性偏好程度的增加而增加，而在较高现金区域随β的增加而增加，但是与λ呈非单调性（见图3.6的子图C）。在较低现金区域，出售的资产在时间不一致性模型中比在BCW模型中更少，这是因为资产出售是有成本的。当公司耗尽所有现金（$w=0$）时，时间不一致性偏好的代理人从事更少的、高成本的资产出售活动，即$i_2(0)=-0.122$（当$\beta=0.9$和$\lambda=0.2$时）比$i_1(0)=-0.208$高41.35%。而在清算情况下，$i_2(0)=-0.636$（当$\beta=0.9$和$\lambda=0.2$时）比$i_1(0)=-0.647$仅多1.7%。直觉上，在外部股权融资条件下，当公司耗尽所有现金时，时间不一致性偏好的代理人能通过外部融资筹集资金，因此出售的资产减少。也就是说，时间不一致性偏好的代理人期望通过外部融资获得资金，使公司经营更久。这表明，外部股权融资条件与清算条件对企业投资的影响不同的是：在外部股权融资条件下代理人的时间偏好不一致性在低现金区域对公司投资影响更大；在高现金区域，时间不一致性偏好的代理人比时间一致性偏好的代理人投资更少。例如，当$\beta=0.9$和$\lambda=0.2$，在$w=0.101$时刻，$i_2(0.101)=0.058$（当$\beta=0.9$和$\lambda=0.2$时）比$i_1(0.101)=0.093$低37.63%；在最优股利支付时刻，$i_2(\bar{w}_2)-0.059$（当$\beta=0.9$和$\lambda=0.2$时）比$i_1(\bar{w}_1)=0.109$低45.87%。这是由于在时间不一致性模型中公司的现金持有量比BCW模型中低，导致企业投资减少。

上述研究结果表明：无论公司选择清算还是外部融资，公司价值、最优股利支付边界和投资决策与代理人的时间不一致性偏好程度都保持较大的相关性。也就是说，代理人的时间不一致性偏好对公司决策有很大影响，但是对公司决策影响程度不一样。

3.4.6　信用额度

现在研究在外部融资情况下，当公司允许使用信用额度时，代理人的时间不一致性偏好如何影响公司决策。假设公司允许使用的最大信用额度

为 cK，其中 $c>0$ 是一个常数且是外生变量。可把 cK 视为公司的短期资本债务。假设公司对已使用的信用额度收取一个大于无风险利率的常数利差 α，目的是避免在耗尽内部现金之前使用信用额度进行投资。尽管利差 α 不太高，但是信用额度的成本也比外部融资成本低，所以公司更愿意在耗尽信用额度后进行外部股权融资。

当信用额度是公司融资的来源（$w\leqslant 0$），则在代理人的时间一致性偏好下，公司价值 $f(w)$ 满足 ODE 方程：

$$rf(w)=\max_{i_1}(i_1-\delta)(f(w)-wf'(w))+[(r+\alpha)w+\mu-i_1-g(i_1)]f'(w)+\frac{\sigma^2}{2}f''(w) \tag{3.32}$$

然而，在代理人的时间不一致性偏好下，当 $w\leqslant 0$ 时公司价值 $p(w)$ 满足 ODE 方程：

$$\xi p(w)=\max_{i_2}(i_2-\delta)(p(w)-wp'(w))+[(r+\alpha)w+\mu-i_2-g(i_2)]p'(w)+\frac{\sigma^2}{2}p''(w)+\lambda[\beta h(w)-p(w)] \tag{3.33}$$

式（3.33）中，函数 $h(w)$ 为：

$$\xi h(w)=(i_2-\delta)(h(w)-wh'(w))+[(r+\alpha)w+\mu-i_2-g(i_2)]h'(w)+\frac{\sigma^2}{2}h''(w) \tag{3.34}$$

当企业的融资方式是内部融资（$w>0$）时，$f(w)$ 和 $p(w)$ 分别满足时间一致性偏好下的 ODE 方程（3.8）和时间不一致性偏好下的 ODE 方程（3.20）。当企业选择使用信用额度进行融资时，边界条件如下：

$$f(-c)=f(m_1)-\varphi-(1+\gamma)(m_1+c),\ f'(m_1)=1+\gamma \tag{3.35}$$

$$p(-c)=p(m_2)-\varphi-(1+\gamma)(m_2+c),\ p'(m_2)=1+\gamma \tag{3.36}$$

式（3.36）中，函数 $h(w)$ 的上边界条件与式（3.25）相同，下边界条件满足方程：

$$h(-c)=h(m_2)-\varphi-(1+\gamma)(m_2+c) \tag{3.37}$$

且 m_2 由边界条件（3.36）决定。

在股利支付区域，通过信用额度融资和内部资金融资具有相同的边界条件，即在信用额度情况下的股利支付边界和式（3.11）、式（3.12）、式（3.13）、式（3.23）、式（3.24）相同。最后，$f(w)$、$p(w)$ 和 $h(w)$ 对任意的 w 都是连续且平滑的，包括 $w=0$。

基于 BCW 模型，选取参数 $r=\xi$、$\varphi=1\%$、$\alpha=1.5\%$、$c=20\%$、$\beta=0.9$ 和 $\lambda=0.2$。图 3.7 描绘了在信用额度情况下代理人的时间不一致性偏好对企业价值和企业投资产生的影响。从图 3.7 可得到如下结果：第一，对于给定的 w，$p(w)$ 和 $p'(w)$ 都分别低于 $f(w)$ 和 $f'(w)$。当公司耗尽信用额度（$w=-0.2$）时，$p(-0.2)=0.893$ 和 $p'(-0.2)=1.22$ 分别低于 $f(-0.2)=0.968$ 和 $f'(-0.2)=1.42$。第二，时间不一致性偏好的代理人持有更低的现金，即当代理人的时间偏好从时间一致性偏好变为时间不一致性偏好时，股利最优支付边界从 $\bar{w}_1=0.082$ 降到 $\bar{w}_2=0.043$。第三，当公司耗尽它的信用额度时，时间不一致性偏好的代理人筹集单位资本的资金为 $c+m_2=0.044$，这比 $c+m_1=0.097$ 低 54.64%。第四，由图 3.7 的子图 C 可知，代理人的时间不一致性偏好对公司投资有较大影响。在高现金区域，公司投资在时间不一致性模型中比在 BCW 模型中低，并且当 w 足够高时，差异更大。例如，在 $w=0$ 处，$i_2(0)=0.067$ 比 $i_1(0)=0.117$ 低 42.71%。然而，在较低信用额度区域（$w=-0.2$），$i_2(-0.2)=-0.045$ 比 $i_1(-0.2)=-0.079$ 低 43.04%。此外，图 3.7 表明，在时间不一致性模型中，公司价值、投资、最优股利支付边界和融资额在有信用额度的情况下比在没有信用额度的情况下更高。

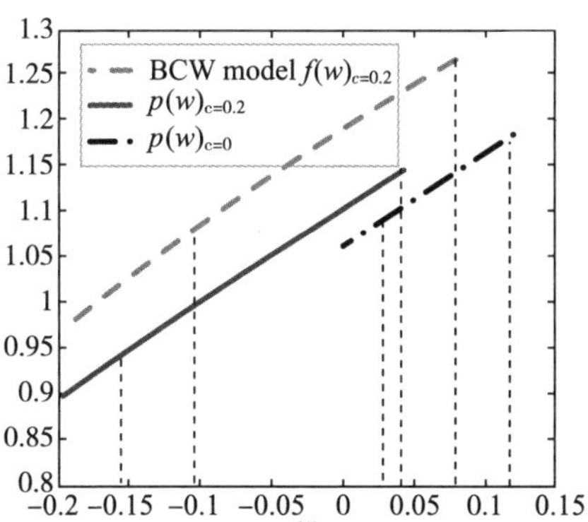

A.公司价值–资本比在信用额度和外部融资情况下的差异

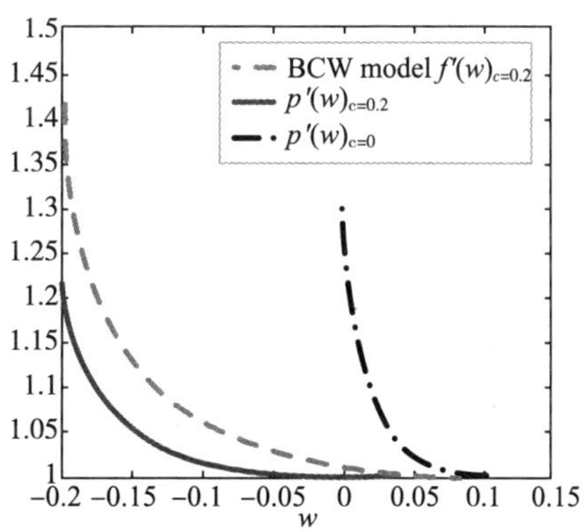

B.现金流边际值在信用额度和外部融资情况下的差异

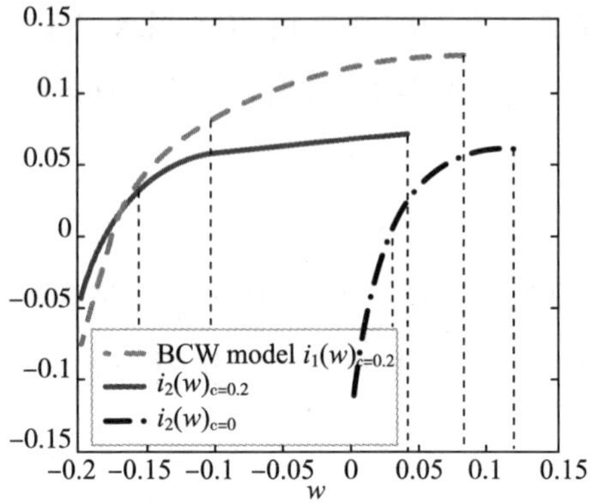

C.投资–资本比在信用额度和外部融资情况下的差异

图 3.7 公司价值—资本比、现金流边际值和投资—资本比分别在信用额度和外部融资情况下的差异

3.4.7 动态对冲

为了降低企业的现金流管理风险，公司可以通过金融对冲（期权或期货合约）降低现金流风险。本章以股指期货为例说明企业的对冲策略。现在研究公司利用股指期货从事动态对冲以扩充时间不一致性模型，进一步研究代理人的时间不一致性偏好与外部融资、投资和对冲策略等的相关性。用 Γ_t 表示 t 时刻下的股指期货价值。在风险调整概率测度下，Γ_t 的演化满足：

$$d\Gamma_t = \sigma_m \Gamma_t dB_t \tag{3.38}$$

式（3.38）中，σ_m 是总的市场投资组合的波动率，B_t 是一个标准的布朗运动，B_t 与公司生产率中布朗运动 Z_t 是部分相关的，其相关系数为 ρ 。

期货合约要求公司在保证金账户中持有现金。用 $\psi_t W_t$ 表示期货头寸，v_t（$0 \leqslant v_t \leqslant 1$）表示保证金账户中的现金占公司现金存量 W_t 的比例。公司在保证金账户中持有现金会产生一个额外流动成本 ε 。期货市场规则通常要求公司的期货头寸（绝对值）不能超过保证金账户中现金流 $v_t W_t$ 的 π 倍，即有 $|\psi_t W_t| \leqslant \pi v_t W_t$ 。当 $\varepsilon > 0$ 时，上述不等式取等号（即 $|\psi_t W_t| = \pi v_t W_t$）表明保证金是最优的，也就是说，此时在保证金账户中的现金是

最少的。

公司的持有现金存量满足方程：

$$dW_t = K_t(\mu dt + \sigma dZ_t) - (I_t + G_t)dt + dH_t - dU_t + (r-\kappa)W_t dt - \varepsilon v_t W_t dt + \psi_t \sigma_m W_t dB_t \quad (3.39)$$

在BCW模型中公司价值—资产比满足一维常微分方程（ODE）：

$$rf(w) = \max_{i_1}(i_1 - \delta)(f(w) - wf'(w)) + [(r-\kappa)w + \mu - i_1 - g(i_1) - \varepsilon v_1 w]f'(w) + \frac{1}{2}(\sigma^2 + \psi_1^2\sigma_m^2 w^2 + 2\rho\sigma\sigma_m\psi_1 w)f''(w) \quad (3.40)$$

式（3.40）中，$v_1 = \min\left\{\frac{|\psi_1|}{\pi}, 1\right\}$。

在时间不一致性模型中，公司价值—资产比$p(w)$满足ODE方程：

$$\xi p(w) = \max_{i_2}(i_2 - \delta)(p(w) - wp'(w)) + [(r-\kappa)w + \mu - i_2 - g(i_2) - \varepsilon v_2 w]p'(w) + \frac{1}{2}(\sigma^2 + \psi_2^2\sigma_m^2 w^2 + 2\rho\sigma\sigma_m\psi_2 w)p''(w) + \lambda[\beta h(w) - p(w)] \quad (3.41)$$

式（3.41）中，$v_2 = \min\left\{\frac{|\psi_2|}{\pi}, 1\right\}$，且函数$h(w)$为：

$$\xi h(w) = (i_2 - \delta)(h(w) - wh'(w)) + [(r-\kappa)w + \mu - i_2 - g(i_2) - \varepsilon v_2 w]h'(w) + \frac{1}{2}(\sigma^2 + \psi_2^2\sigma_m^2 w^2 + 2\rho\sigma\sigma_m\psi_2 w)h''(w) \quad (3.42)$$

在BCW模型中，对冲的方向（多头（$\psi_1 > 0$）或空头（$\psi_1 < 0$））由公司业务风险和期货收益的相关性决定。如果$\rho > 0$，表示公司只考虑用股指期货做空头头寸；如果$\rho < 0$，表示公司只考虑多头头寸。不失一般性，本章主要讨论用股指期货做空头的情况，则$\rho > 0$且$\psi_1 < 0$。这里有三个内生条件决定最优对冲比率。首先，在内部现金区域，求关于ψ_1的一阶最优条件，得到最优对冲比率ψ_1^*为：

$$\psi_1^* = \frac{1}{w}\left(-\frac{\rho\sigma}{\sigma_m} - \frac{\varepsilon}{\pi\sigma_m^2}\frac{f'(w)}{f''(w)}\right) \quad (3.43)$$

因此有$v_1 = -\frac{\psi_1^*}{\pi} < 1$。其次，在较低现金区域，常数$v_1 \leq 1$是有约束

的。因此，对于 $w \leqslant w_{1-}$ 有 $\psi_1^* = -\pi$，分割点 w_{1-} 是在式（3.43）满足 $\psi_1^*(w_{1-}) = -\pi$ 的唯一值。最后，当现金存量 w 足够高，公司选择不对冲，因此对于 $w \leqslant w_{1+}$ 我们有 $\psi_1^*(w) = 0$，分割点 w_{1+} 是由式（3.43）唯一确定的，即 $\psi_1^*(w_{1+}) = 0$。在 BCW 模型中，公司的期货头寸满足方程：

$$\psi_1^*(w) = \begin{cases} -\pi, & w \leqslant w_{1-} \\ \dfrac{1}{w}\left(-\dfrac{\rho\sigma}{\sigma_m} - \dfrac{\varepsilon}{\pi\sigma_m^2}\dfrac{f'(w)}{f''(w)}\right), & w_{1-} < w < w_{1+} \\ 0, & w \geqslant w_{1+} \end{cases} \tag{3.44}$$

与 BCW 模型相似，当代理人有时间不一致性偏好时，也讨论用股指期货做空头头寸（$\psi_2 < 0$）的情况。因此，公司的最优期货头寸 $\psi_2^*(w)$ 为：

$$\psi_2^*(w) = \begin{cases} -\pi, & w \leqslant w_{2-} \\ \dfrac{1}{w}\left(-\dfrac{\rho\sigma}{\sigma_m} - \dfrac{\varepsilon}{\pi\sigma_m^2}\dfrac{p'(w)}{p''(w)}\right), & w_{2-} < w < w_{2+} \\ 0, & w \geqslant w_{2+} \end{cases} \tag{3.45}$$

式（3.45）中，$v_2 = -\dfrac{\psi_2^*}{\pi} < 1$。

现在可以在对冲和再融资的情况下定量分析代理人的时间不一致性偏好对公司价值、公司投资、股利支付决策和对冲策略的影响。根据 BCW 模型，选择如下的参数值：$r = \xi$，$\rho = 0.8$，$\sigma_m = 20\%$，$\pi = 5$，$\varepsilon = 0.5\%$，$\lambda = 0.2$，$\beta = 0.9$。其他的参数值与表 3.1 相同。

图 3.8 描绘了在有对冲和没有对冲的情况下代理人的时间不一致性偏好的影响。企业采用对冲策略时，时间不一致性模型和 BCW 模型比较得到以下结论：（1）$p(w)$ 和 $p'(w)$ 分别比 $f(w)$ 和 $f'(w)$ 低；（2）最优股利支付边界 $\bar{w}_2 = 0.077$ 低于 $\bar{w}_1 = 0.139$；（3）当公司执行外部融资时，在代理人的时间不一致性偏好下，单位资本融资量为 $m_2 = 0.026$，低于 BCW 模型中融资量为 $m_1 = 0.044$；（4）在时间不一致性模型中，代理人在现金较高时按比例缩减投资，在现金较低时减少有成本的资产出售。

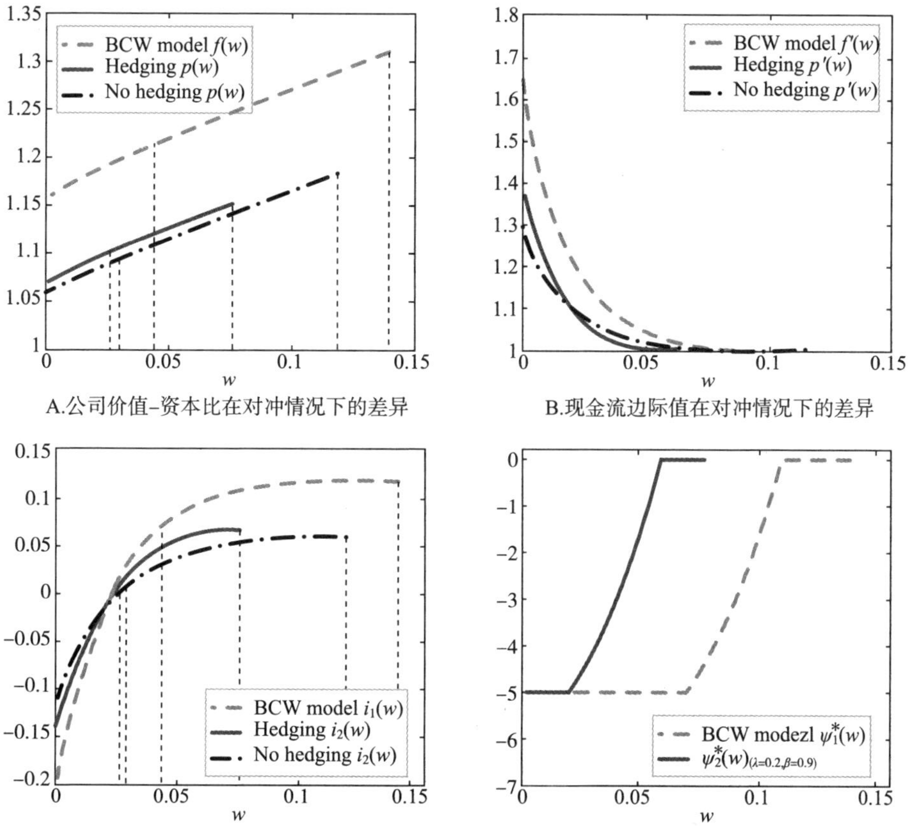

A.公司价值–资本比在对冲情况下的差异　B.现金流边际值在对冲情况下的差异

C.投资–资本比在对冲情况下的差异　D.最优对冲比率在对冲情况下的差异

图 3.8　公司价值—资本比、现金流边际值、投资—资本比和最优对冲比率在对冲情况下的差异

此外，图 3.8 的子图 D 显示了在两个模型中企业的最优对冲策略，时间不一致性模型中对冲分割点 $w_{2-}=0.02$ 和 $w_{2+}=0.06$ 分别低于 BCW 模型中 $w_{1-}=0.07$ 和 $w_{1+}=0.11$ 。这表明具有时间不一致性偏好的代理人比时间一致性偏好的代理人更早地选择不对冲。

由图 3.7 和图 3.8 知，当公司允许使用信用额度和动态对冲时，代理人的时间不一致性偏好对公司的股利、储蓄、外部融资、投资以及对冲策略都有较大程度的影响。此外，在时间不一致性模型中，信用额度和动态对冲在一定程度上增加公司价值、降低最优股利支付边界和股票发行数量，甚至能够缓解在较高现金区域投资不足而在较低现金区域出售资产减少的现象。

3.5 算例分析

现在假设 A 公司的资本存量 K 为 1000 万元、现金存量 W 为 100 万元时，根据本章模型对企业在清算、外部融资、信用额度和对冲四种情况下的不同方案进行分析。这里仅讨论时间不一致性模型中参数 $\lambda=0.2$ 和 $\beta=0.9$ 的情况。

（1）清算情况。①股利政策：A 公司的最优股利支付边界在 BCW 模型中是 224 万元，在时间不一致性模型中是 154 万元。当现金流为 100 万元时，均未达到最优股利支付边界，因此无须向股东支付股利。②投资政策：现金流为 100 万元时，企业的最优投资额在 BCW 模型中为 63 万元，在时间不一致性模型中为 38 万元。同时，企业价值在 BCW 模型中为 1250 万元，在时间不一致性模型中为 1160 万元。

（2）外部股权融资情况。①股利政策：A 公司的最优股利支付边界在 BCW 模型中是 194 万元，在时间不一致性模型中是 119 万元。当现金流为 100 万元时，均未达到最优股利支付边界，因此无须向股东分红。②投资政策：现金流为 100 万元时在 BCW 模型中最优投资额为 93 万元，在时间不一致性模型中为 58 万元。同时企业价值在 BCW 模型中为 1260 万元，在时间不一致性模型中为 1165 万元。③股权融资策略：当现金流全部耗尽时，在 BCW 模型中最优融资额为 61 万元，融资需要固定成本 10 万元和比例成本 3.66 万元；在时间不一致性模型中的最优融资额为 31 万元，融资需要固定成本 10 万元和比例成本 1.86 万元。

（3）企业允许使用信用额度和外部股权融资情况。①股利政策：A 公司的最优股利支付边界在 BCW 模型中为 82 万元，在时间不一致性模型中为 43 万元。当现金流为 100 万元时，均超过股利支付边界，因此需向股东分别支付股利 18 万元和 57 万元。②投资政策：当企业的现金流为 100 万元时，在 BCW 模型中最优投资额为 125 万元，在时间不一致性模型中最优投资额为 69 万元。此时，企业价值在 BCW 模型中为 1269 万元，在时间不一致性模型中为 1144 万元。③股权融资策略：当信用额度全部耗尽时，也就是说，现金流低于或等于 -200 万元时需要从外部股权融资中筹集资金，在 BCW 模型中最优融资额为 97 万元，融资需要固定成本 10 万元和比例成本 5.82 万元；在时间不一致性模型中最优融资额为 44 万元，融资需要固定成本 10 万元和比例成本 2.64 万元。

（4）企业允许采用对冲策略和外部股权融资情况。①股利政策：A 公司的最优股利支付边界在 BCW 模型中为 139 万元，在时间不一致性模型中为 77 万元。当现金流为 100 万元时，在 BCW 模型中不需要支付股利给股东，而在时间不一致性模型中需要支付 23 万元股利给股东。②投资政策：现金流为 100 万元时，在 BCW 模型中最优投资额为 114 万元，在时间不一致性模型中为 63 万元。此时，企业价值在 BCW 模型中为 1270 万元，在时间不一致性模型中为 1152 万元。③对冲策略：本章以企业使用股指期货做空头为例，在 BCW 模型中现金流 100 万元处于对冲分割点 70 万元和 110 万元之间，因此需要采用股指期货做空头，最优对冲额度为 -154 万元，需要缴纳的保证金最少为 30.8 万元；在时间不一致性模型中 100 万元现金流大于分割点 60 万元，因此无须采取对冲策略。④股权融资策略：当现金流耗尽时，在 BCW 模型中最优融资额为 44 万元，融资需要固定成本 10 万元和融资成本 2.64 万元；在时间不一致性模型中最优融资额为 26 万元，融资需要固定成本 10 万元和比例成本 1.56 万元。同时，在 BCW 模型和时间不一致性模型中都需要用股指期货做空头，最优对冲额度均为 -500 万元，需要缴纳的保证金最少为 100 万元。

通过上述算例分析可知，股利策略、投资策略、融资策略等在时间不一致性模型与经典的 BCW 模型之间存在较大差异，这表明在制定企业的各种策略时决策者的时间不一致性偏好是一个重要影响因素。

3.6　本章小结

本章将代理人的时间不一致性偏好扩展到经典的 BCW 模型中，研究时间不一致性偏好对公司投资和股利支付决策的影响，得到不同于 BCW 模型的结论。

无论公司选择清算还是发行股票，与时间一致性偏好的代理人相比，时间不一致性偏好的代理人倾向于更早地支付现金给股东，导致公司持有更少的现金存量；发行更少的股票数量；在高现金区域投资更少，而在低现金区域从事更少的资产出售。不同于清算情况的是，当企业选择外部融资时，在较低现金区域代理人的时间不一致性偏好对公司投资影响更大。这是因为资产出售需要较高的成本，且时间不一致性偏好的代理人能够通过外部融资来筹集资金，因此时间不一致性偏好的代理人减少资产出售。值得注意的是，公司价值、股利支付策略和投资策略高度依赖于代理人的时间不一致性偏好程度。

此外，本章还研究了在外部融资情况下，公司允许使用信用额度和动态对冲。这些研究结果表明，公司投资、股利、融资和风险管理策略都较大程度地受代理人的时间不一致性偏好的影响。因此，当代理人在制定公司决策时，很有必要考虑代理人自身的时间偏好问题。

第4章

基于时间不一致性偏好和经济环境转换的最优投融资决策

本章把代理人的时间不一致性偏好融入投资的Q理论框架，研究在经济环境转换中代理人的时间不一致性偏好对最优外部融资和股利支付决策的影响。经济环境转换可以视为宏观经济环境或经济周期改变，比如商业周期循环、市场体制变化、经济结构调整等。本章经济环境转换主要指宏观经济环境的改变。研究结果表明，与时间一致性偏好的代理人相比，无论在良好的市场融资环境，还是在金融危机中，时间不一致性偏好的代理人都倾向于更早地支付股利、降低企业投资，且在外部融资时降低融资量；特别地，在良好的融资市场中存在最优融资时机时，时间不一致性偏好的代理人倾向于更早地执行股权融资策略。因此，代理人的时间不一致性偏好会降低公司的预防性储蓄，特别是在金融危机中，会间接地使资金链断裂和清算的可能性增大。这表明在经济环境转换中，企业投资、外部融资和股利支付决策都高度依赖于代理人的时间不一致性偏好。

4.1 引言

大量研究表明，公司投资和融资行为在金融危机中会发生剧烈变化。例如，坎佩罗等（Campello et al，2010）研究表明，融资约束较大的公司在金融危机中不仅会削减投资和消耗更多的现金，而且从银行中贷款增多，出售企业资产也增多。自从汉密尔顿（Hamilton）提出一个随机体制转换模型后，众多学者对体制转换模型展开研究，如巴乔和法克勒（Baggio and Fackler，2016），张等（Zhang et al，2017）。这些研究结果表明，公司决策包括投资策略、消费—投资策略、最优再保险策略和资产配置策略，都受体制转换的影响。此外，从实际经济情况看，体制转换对公司制定策略的影响较大，如商业周期的扩张和收缩都可能对公司盈利能力、风险投资、人力资本等产生很大的影响。体制转换事实上可视为经济环境转换，即宏观经济环境或经济周期改变，比如商业周期循环、市场体制变化、经济结构调整等。尽管在经济环境转换中有这些丰富的研究成果，但融资环境的改变对公司融资策略和股利支付策略的相关研究鲜有报道。

本章基于经济环境转换下博尔顿（Bolton et al，2013）的经典模型，把代理人的时间不一致性偏好扩展到统一的动态 Q 理论投资框架中构建时间不一致性模型。假设代理人在制定公司的最优策略时表现出随时间变化的不耐心行为，这种不耐心行为就是时间偏好不一致性。代理人的目标是选择公司的最优投资和股利支付策略使公司价值最大化。此外，股东关注的是在未来区间代理人的时间偏好将会发生怎样的改变。因此，他们将与代理人签契约来避免时间偏好不一致性给公司带来的损失。在签合同之前，股东和代理人都有必要知道时间偏好不一致性如何影响公司策略，因此本章注重研究这个问题。为了简化研究过程，本章不再考虑代理人的其他问题，如代理成本问题等。

此外，本章假设在经济环境转换中公司面临两种外部经济环境转换：良好的外部市场融资环境和不好的外部市场融资环境（金融危机）。本章的模型可以预测代理人的时间不一致性偏好程度在经济环境转换中如何影响最优外部股权融资和股利支付策略？在经济体制发生转变时代理人的时间不一致性偏好对企业的最优策略会产生多少差异？本章的研究将进一步阐明企业在金融危机中容易破产的一个重要原因是决策者的时间不一致性偏好。

4.2 建立模型

下面主要描述在融资约束的公司中代理人的时间偏好、经济环境转换、生产技术和随机融资机会。

4.2.1 代理人的时间偏好

基于格瑞纳迪尔和王（Grenadier and Wang，2007）与哈里斯和伯森（Harris and Laibson，2013）的研究，用拟双曲贴现函数分析代理人的决策行为时，可把代理人视为一系列成功制定决策的决策者（也被称为第 1 个自我、第 2 个自我、…）。假设每个自我的寿命长度是随机的，且服从参数为 λ 的泊松分布。用 $D_n(t,\varepsilon)$ 表示第 n 个代理人的拟双曲贴现函数，则在任何时刻 $t \in [t_n, t_{n+1})$，第 n 个自我对未来时刻 $\varepsilon(>t)$ 获得单位收益的估值是：

$$D_n(t,\varepsilon) = \begin{cases} e^{-\eta(\varepsilon-t)}, & \varepsilon \in [t, t_{n+1}) \\ \beta e^{-\eta(\varepsilon-t)}, & \varepsilon \in [t_{n+1}, \infty) \end{cases} \tag{4.1}$$

参数 $\eta > 0$ 表示贴现率，λ 和 β 共同决定代理人的时间不一致性偏好程度。λ 描绘时间偏好的改变频率，即未来的代理人到来的可能性；β 测度未来的估值相对于当前估值的权重。为了便于计算，本章假设贴现率 η 等于无风险利率 r。

4.2.2 经济环境转换

假设经济环境转换可视为公司的外部融资环境转换。也就是说，假设公司面临两种外部宏观环境状态：$s_t = \{G, B\}$，其中状态 G 和 B 分别表示良好的外部融资环境和不好的外部融资环境（金融危机）。在本章的模型中，系统性风险的来源主要有两个：一是由生产力产生的较小的扩散性冲击；另一个是外部宏观经济环境发生变化时对经济产生的冲击。较小的扩散性冲击与总的市场相关，而较大的冲击可能会影响公司生产力条件或公司外部融资成本，或两者都有影响。在本章的模型中，代理人的风险可能是风险中性或风险厌恶的。如果代理人是风险中性的，则系统性风险价格为0，且物理概率测度和风险中性概率测度是等价的；如果代理人是风险厌恶的，则需要区分物理概率测度和风险中性概率测度。这里物理概率测度是指客观概率测度。

在外部宏观经济环境发生变化时产生的系统性风险。风险厌恶的代理人需要一个风险溢价来弥补经济环境转换带来的风险。利用在物理概率测度下的状态转换强度和在风险中性概率测度下的状态转换强度之间的差异来描绘这种风险溢价。用 $\hat{\zeta}_G$ 和 $\hat{\zeta}_B$ 分别表示风险中性概率测度下状态从 G 转换到 B 和从 B 转换到 G 的转换强度，ζ_G 和 ζ_B 分别表示物理概率测度下状态从 G 转换到 B 的概率和 B 转换到 G 的概率。因此假设

$$\hat{\zeta}_G = e^{\pi_G}\zeta_G \text{ , } \hat{\zeta}_B = e^{\pi_B}\zeta_B \tag{4.2}$$

式（4.2）中，参数 π_G 和 π_B 分别描述状态变化时的风险调整量，即融资冲击的风险价格。

在模型中，状态 G 是好的外部融资条件，状态 B 是不好的外部融资条件。令 $\pi_G > 0$，且 $\pi_B < 0$，则 $e^{\pi_G} > 1$ 和 $0 < e^{\pi_B} < 1$，因此有 $\hat{\zeta}_G > \zeta_G$ 表示从状态 G 离开的转换强度在风险中性概率测度下比在物理概率测度下高，$\hat{\zeta}_B < \zeta_B$ 表示从状态 B 离开的转换强度在风险中性测度下比在物理测度下低。为了计算简便，令 $\pi_G = -\pi_B$。直觉上，这表明在接近状态 B 时代理人的风险偏好有更大的可能性转换到状态 B 中，而较小的可能性脱离状态 B。总之，就像是一个风险规避的投资者比风险中性的投资者更“悲观”：即他（她）认为“好的状态是短暂的而坏的状态是持久的”。

4.2.3 生产技术

假设公司把资本和现金流视为生产因素。资本价格标准化为1，并且公司资本存量和总投资量分别用 K 和 I 表示。在标准的资本累计模型中，公司的资本累计 K 的变化满足方程：

$$\mathrm{d}K_t = (I_t - \delta_s K_t)\,\mathrm{d}t \text{ , } t \geqslant 0 \tag{4.3}$$

式（4.3）中，K_t 表示 t 时刻企业资本存量，I_t 表示 t 时刻企业实业投资额，δ_s 表示在状态 s 中资本折旧率。

公司运营收入与资本存量 K_t 成正比，表示为 $K_t dA_t$，这里 dA_t 表示在单位时间 dt 内的生产波动率。假设 t 时刻生产率的变化满足随机微分方程：

$$dA_t = \mu_s dt + \sigma_s dZ_t, \quad t \geqslant 0 \tag{4.4}$$

式（4.4）中，Z_t 表示在风险中性测度下的标准布朗运动。同时，参数 $\mu_s > 0$ 和 $\sigma_s > 0$ 分别表示在状态 s 中风险中性测度下的漂移系数和波动率。

假设 t 时刻企业净营业利润的累计量为 Y_t，企业生产模式为“AK”模型，则公司在单位时间 dt 下运营利润 dY_t 满足方程：

$$dY_t = A_t dK_t - I_t dt - \Gamma(I_t, K_t, s_t) dt, \quad t \geqslant 0 \tag{4.5}$$

式（4.5）中，$K_t dA_t$ 表示公司运营收入，$I_t dt$ 表示单位时间内的投资成本，$\Gamma(I_t, K_t, s_t) dt$ 表示在状态 s 中投资过程产生的额外调整成本。

根据新古典主义投资文献（Hayashi，1982），假设公司的调整成本是 K 和 I 的一次齐次函数。即调整成本函数可表示为 $G(I,K) = g(i)K$，这里 i 是公司的投资成本比率$\left(i = \dfrac{I}{K}\right)$，$g_s(i)$ 是关于 i 递增的、凹的状态依赖函数。假设 $g_s(i)$ 是二次函数：

$$g_s(i) = \frac{\theta_s (i - v_s)^2}{2} \tag{4.6}$$

式（4.6）中，θ_s 是状态 s 下的调整成本参数，v_s 是状态 s 下的参数。在众多研究文献中，v_s 常见的取值是 0 或者折旧率，前者意味着总投资为 0 时调整成本为 0，后者意味着净投资为 0 时调整成本为 0。

公司可以在任何时刻选择清算，并获得清算价值 $l_s K$，其中 $l_s > 0$ 表示在状态 s 中单位资本的清算价值。用 T 表示最优清算时刻。

4.2.4　随机融资机会

为了简化模型，本章把外部股权融资视为公司的外部资金来源。假设公司可以在任何时刻进行外部融资。当公司进行外部股权融资时，会产生一个固定融资成本 $\varphi_s K$，这里 φ_s 是一个固定的融资成本参数。除了固定融

资成本 $\varphi_s K$ 外，筹集的资金每增加 1 单位，公司还会产生一个边际融资成本 $\gamma_s > 0$ 。用 H_t 表示 t 时刻公司累计外部融资量，用 U_t 表示 t 时刻公司累计支付给股东的股利，X_t 表示 t 时刻公司累计外部融资成本。因此，dH_t 表示单位时间 dt 内公司增加的外部融资量，dU_t 表示单位时间 dt 内股利增加量，dX_t 表示单位时间 dt 内公司增加的外部融资成本。

代理人为了避免携带多余的现金而产生携带现金成本，则通过以现金股利或股票回购的方式把多余的现金分配给股东。假设公司内部的现金流获得无风险利率为 r_s 的收益，但产生携带现金成本 κ_s 。因此公司的现金流 W_t 满足动态过程：

$$dW_t = (r_s - \kappa_s)W_t dt + dY_t - dU_t + dH_t \tag{4.7}$$

式（4.7）中，r_s 表示在状态 s 中的无风险利率，κ_s 表示在状态 s 中产生的携带现金流成本，dH_t 和 dU_t 是由公司内生决定的。

4.3 模型求解

现在主要研究公司在面对外部融资条件转换时代理人具有时间一致性和不一致性偏好的最优性。主要从三个现金区域分析：（1）外部股权融资或清算区域；（2）股利支付区域；（3）内部融资区域。用 $F(K,W,s)$ 和 $P(K,W,s)$ 分别表示在状态 s 下当代理人有时间偏好一致性和时间偏好不一致性时的公司价值。一旦公司的现金存量较大，代理人为了避免产生过多的携带现金成本，选择以分配股利的方式支付多余的现金给股东。因此，在时间偏好一致性和时间偏好不一致性下股利支付边界分别用 $\bar{W}_s$ 和 $\bar{W}_s^P$ 表示。然而，当公司的现金流较低时，公司选择通过发行股票来筹集资金，用 $\underline{W}_s$ 和 $\underline{W}_s^P$ 分别表示时间一致性和时间不一致性的融资边界。本章主要在以下三个区域分析公司价值和公司决策：外部融资或清算区域、股利支付区域和内部融资区域。

4.3.1 时间一致性模型

假设时间偏好一致性的代理人选择公司投资 I 、累计股利支付政策 U 、

外部融资政策 H 和清算时刻 T 去最大化股东价值：

$$\mathbb{E}_0\left[\int_0^T e^{-r\varepsilon}(\mathrm{d}U_\varepsilon - \mathrm{d}H_\varepsilon - \mathrm{d}X_\varepsilon) + e^{-rT}(l_s K_T + W_T)\right] \tag{4.8}$$

式（4.8）中，第一项表示支付给股东的净股利贴现值，第二项表示清算时公司价值的贴现值。最优性意味着公司从不清算，此时有 $T=\infty$ 。

当公司现金流 W 在内部融资区域，即 $W\in(\underline{W}_s,\overline{W_s})$ ，根据伊藤引理和动态规划理论，公司价值 $F(K,W,s)$ 满足如下的 HJB 方程：

$$\begin{aligned} r_s F(K,W,s) = & \max_{I_s}(I_s - \delta_s K)F_K(K,W,s) + \frac{\sigma_s^2 K^2}{2}F_{WW}(K,W,s) \\ & + [(r_s - \kappa_s)W + \mu_s K - I_s - \Gamma(K,W,s)]F_W(K,W,s) \\ & + \hat{\zeta}_s(F(K,W,s^*) - F(K,W,s)) \end{aligned} \tag{4.9}$$

式（4.9）中，s^* 表示不同于 s 的状态。式（4.9）中右边第一项反映的是净投资对公司价值产生的边际影响，第二项表示持有现金流的波动率对公司价值产生的影响，第三项表示公司的预期储蓄 W 对公司价值产生的影响，最后一项描绘当前状态 s 转换到 s^* 时公司价值的预期改变量。

由于公司价值是关于 K 和 W 的一次齐次函数，因此可以把公司价值写成 $F(K,W,s)=f_s(w)K$ ，投资写成 $I_s=i_s(w)K$ ，其中 $w=\dfrac{W}{K}$ 表示现金流与资本的比值。因此 $F(K,W,s)$ 的 HJB 方程变化为关于 $f_s(w)$ 的一维常微分方程（ODE）：

$$\begin{aligned} r_s f_s(w) = & \max_{i_s(w)}(i_s(w) - \delta_s)(f_s(w) - wf'_s(w)) + \frac{\sigma_s^2}{2}f''_s(w) \\ & + [(r_s - \kappa_s)w + (\mu_s - i_s(w) - g_s(i_s(w)))]f'_s(w) + \hat{\zeta}_s(f_{s^*}(w) - f_s(w)) \end{aligned} \tag{4.10}$$

最优投资—资本比 $i_s(w)$ 为：

$$i_s(w) = \frac{1}{\theta_s}\left(\frac{f_s(w)}{f'_s(w)} - w - 1\right) + v_s \tag{4.11}$$

对式（4.11）求 w 的微分，可得最优投资—资本比 $i_s(w)$ 的灵敏性条件：

$$i'_s(w) = -\frac{1}{\theta_s}\frac{f_s(w)f''_s(w)}{f'_s(w)^2} \tag{4.12}$$

从式（4.12）可知，公司投资随 w 的增加而增加，当且仅当公司价值是凹函数时。

现在首先考虑股利支付边界条件。当公司持有现金流的边际价值低于股东持有现金流的边际价值时，代理人支付股利给股东。因此，内生股利支付边界 $\bar{w}_s = \frac{\overline{W_s}}{K}$ 满足由杜马斯（Dumas，1991）提出的粘贴函数和二阶条件：

$$f'_s(\bar{w}_s) = 1, f''_s(\bar{w}_s) = 0 \tag{4.13}$$

也就是说，当代理人选择支付股利给股东时，现金流的边际价值 $f'_s(\bar{w}_s)$ 必须为1。此外，变化的 $\bar{w}_s$ 可以使公司一直保持最优状态。如果 $f'_s(\bar{w}_s) < 1$，代理人一次性支付多余的现金给股东使公司现金流减少到 $\bar{w}_s$。因此有：

$$f_s(w) = f(\bar{w}_s) + (w - \bar{w}_s), w > \bar{w}_s \tag{4.14}$$

其次，考虑公司价值的融资边界条件。公司可能会突然从状态 s^*（在状态 s^* 中，最优融资边界表示为 $\underline{w}_{s^*} = \frac{\underline{W}_{s^*}}{K}$）转换到其他状态 s（在状态 s 中，最优融资边界表示为 $\underline{w}_s = \frac{\underline{W}_s}{K}$），此时公司现金持有量介于两个较低的融资边界之间（$\underline{w}_{s^*} < w < \underline{w}_s$）。在这种情况下，如果公司具有足够高的价值，则公司将选择通过发行股票来融资，使公司的现金储蓄回到内部区域。用 M_s 表示公司发行股票后的目标现金流水平，定义 $m_s = \frac{M_s}{K}$。当 $w \leqslant \underline{w}_s$ 时，公司价值—资本比 $f_s(w)$ 满足：

$$f_s(w) = f_s(m_s) - \varphi_s - (1 + \gamma_s)(m_s - w), \quad w \leqslant \underline{w}_s \tag{4.15}$$

因此，可得到下面的粘贴条件和平滑条件：

$$f_s(\underline{w}_s) = f_s(m_s) - \varphi_s - (1 + \gamma_s)(m_s - \underline{w}_s), f'_s(m_s) = 1 + \gamma_s \tag{4.16}$$

公司首先支付单位资本的固定融资成本 $\varphi_s > 0$ ，然后每增加单位的筹集资金额，会产生相应的边际融资成本 γ_s 。式（4.15）表明公司价值在发行边界处是连续的。此外，公司融资后的最优日标现金流是 m_s ，因此股票发行的边际效益 $f'_s(m_s)$ 等于边际成本 $1+\gamma_s$ ，也就是式（4.16）。

直觉上，如果公司选择在现金流耗尽之前发行股票（ $\underline{w}_s > 0$ ），此时在股票发行边界的现金流边际价值等于边际发行成本 $1+\gamma_s$ ，因此有：

$$f_s'(\underline{w}_s) = 1 + \gamma_s \tag{4.17}$$

然而，如果公司一直没有发行股票进行融资，直到耗尽所有现金 $\underline{w}_s = 0$ ，这时需要分析公司的最优选择是再融资还是清算。假设在耗尽现金之前公司可以一直正常运营，而且持续经营价值高于清算价值。因此，在耗尽现金之前，公司不会自动清算。在耗尽现金时，只有当公司的预期生产率较低或者外部融资的成本较高的情况下，公司宁愿清算而不再融资。此时在清算边界 $\underline{w}_s = 0$ 公司价值为：

$$f_s(0) = l_s \tag{4.18}$$

本章假设在良好的外部融资环境中存在最优融资时机，即使此时公司并不需要额外的现金流，代理人也会选择在耗尽现金之前进行股权融资。假设在金融危机中不存在最优融资时机，因此代理人会在耗尽现金时才进行股权融资。

4.3.2　时间不一致性模型

现在考虑代理人具有时间不一致性偏好的情况。代理人选择拟双曲贴现函数 $D_n(t,\varepsilon)$ 对公司价值进行估计。因此代理人选择投资 I 、累计股利支付政策 U 、外部融资政策 H 和清算时刻 T 最大化公司价值（在风险中性概率测度下），在任何时刻 $t \in [t_n, t_{n+1})$ 公司价值为：

$$\mathbb{E}_t\left[\int_t^T D_n(t,\varepsilon)(\mathrm{d}U_\varepsilon - \mathrm{d}H_\varepsilon - \mathrm{d}X_\varepsilon) + D_n(t,T)(l_s K_T + W_T)\right] \tag{4.19}$$

如果 $T=\infty$ ，则公司的最优选择是绝不清算。

与第 3 章类似，本章主要讨论时间不一致性偏好的代理人是成熟型的情况。基于公司技术的规模不变性，可将二维问题转换为关于 $w = \frac{W}{K}$ 的一维问题，即时间不一致性偏好下公司价值写为 $P(K,W,s) = p_s(w)K$，投资写为 $I_s^P = i_s^p(w)K$。因此可得到关于 $p_s(w)$ 的一维常微分方程（ODE）：

$$\eta p_s(w) = \max_{i_s^p(w)}(i_s^p(w) - \delta_s)(p_s(w) - wp'_s(w)) + \frac{\sigma_s^2}{2}p''_s(w) + \hat{\zeta}_s(p_{s^\cdot}(w) - p_s(w)) + [(r_s - \kappa_s)w + \mu_s - i_s^p(w) - g_s(i_s^p(w))]p'_s(w) + \lambda[\beta h_s(w) - p_s(w)] \tag{4.20}$$

式（4.20）中，函数 $h_s(w)$ 被定义为：

$$\eta h_s(w) = (i_s^p(w) - \delta_s)(h_s(w) - wh'_s(w)) + \frac{\sigma_s^2}{2}p''_s(w) + \hat{\zeta}_s(h_{s^\cdot}(w) - h_s(w)) + [(r_s - \kappa_s)w + \mu_s - i_s^p(w) - g_s(i_s^p(w))]h'_s(w) \tag{4.21}$$

式（4.20）中，右边最后一项描绘代理人的时间不一致性偏好对公司价值的影响。直觉上，一旦第 n 个代理人离职，则第 $n+1$ 个代理人立刻就职，此时公司价值会有一个突然的改变量（$\beta h_s(w) - p_s(w)$）。因此，式（4.22）等式右边最后一项代表由代理人的时间不一致性偏好产生的平均改变量。

最优投资—资本比 $i_s^p(w)$ 的一阶条件为：

$$i_s^p(w) = \frac{1}{\theta_s}\left(\frac{p_s(w)}{p'_s(w)} - w - 1\right) + v_s \tag{4.22}$$

下面首先分析时间不一致性模型中股利支付边界条件。当公司持有现金流的边际价值低于股东持有现金流的边际价值时，代理人就支付股利给股东。因此，股利支付边界 $\bar{w}_s^p = \frac{\bar{W}_s^p}{K}$ 满足粘贴函数和二阶条件：

$$p'_s(\bar{w}_s^p) = 1, \quad p''_s(\bar{w}_s^p) = 0 \tag{4.23}$$

另外，如果 $p'(\bar{w}_s^p) < 1$，则：

$$p_s(w) = p(\bar{w}_s^p) + (w - \bar{w}_s^p), w > \bar{w}_s^p \tag{4.24}$$

函数 $h_s(w)$ 的上边界条件为：

$$h'_s(\bar{w}_s^p) = 1 \tag{4.25}$$

式（4.25）中，$\bar{w}_s^p$ 依赖于式（4.23）。

对于融资边界条件，与时间一致性模型相似，如果公司价值足够高，则公司将选择通过外部融资筹集资金使公司的现金持有量回到内部现金区域。用 M_s^P 表示公司发行股票后融资的目标现金水平。定义 $m_s^p = \frac{M_s^P}{K}$ 和 $\underline{w}_s^p = \frac{\underline{W}_s^P}{K}$。因此，当 $w \leqslant \underline{w}_s^p$ 时，公司价值 $p_s(w)$ 满足：

$$p_s(w) = p_s(m_s^p) - \varphi_s - (1+\gamma_s)(m_s^p - w), w < \underline{w}_s^p \tag{4.26}$$

同时，有下面的粘贴条件和平滑条件：

$$p_s(\underline{w}_s) = p_s(m_s) - \varphi_s - (1+\gamma_s)(m_s^p - \underline{w}_s^p), p'_s(\underline{w}_s^p) = p'_s(m_s) = 1+\gamma_s \tag{4.27}$$

函数 $h_s(w)$ 的下边界条件为：

$$h'_s(\underline{w}_s^p) = 1+\gamma_s \tag{4.28}$$

式（4.28）中，$\underline{w}_s^p$ 依赖于式（4.27）。

如果公司耗尽现金，且公司的预期生产率较低或者外部融资的成本较高时，公司宁愿清算而不再融资。因此时间不一致性偏好的代理人将选择清算，故有：

$$p_s(0) = l_s,\quad h_s(0) = l_s \tag{4.29}$$

与时间一致性模型类似，假设在时间不一致性模型中，良好的外部融资环境存在最优融资时机，因此代理人会在耗尽现金之前选择最优时刻进行股权融资，即使此时公司并不需要额外的现金流。假设在金融危机中不存在最优融资时机，因此代理人会在耗尽现金流时进行股权融资。

4.4 定量分析

现在对经济环境转换中时间不一致性模型和时间一致性模型进行定量分析。为了与博尔顿等（Bolton et al, 2013）的研究结果比较，本章根据该文献进行参数取值。部分参数取值在两种状态中保持一致：$r = 5\%$ ，$\sigma = 12\%$ ，$\delta = 15\%$ ，$v = 15\%$ ，$\theta = 1.8$ ，$\kappa = 1.5\%$ 和风险中性概率测度下 $\mu = 20.78\%$ 。这里携带成本的取值不是精确的，因为携带成本可能由税收的不足或者代理人的摩擦成本产生。此外，在两种状态中清算价值的取值分别为 $l_G = 1$ 和 $l_B = 0.3$。

基于阿尔坦基利和汉森（Altinkilic and Hansen，2000）的研究，假设在两种状态中发行股票的边际融资成本相同，即 $\gamma = 6\%$ 。为了便于观测融资机会的改变，假设固定融资成本在两种状态中不同。在状态 G 中发行股票的固定融资成本为 $\varphi_G = 0.5\%$ ，而在状态 B 中发行股票的固定融资成本为 $\varphi_B = 50\%$ 。虽然在实际中固定融资成本会随外部融资条件改变，但是为了简化模型，本章把两种状态中的固定融资成本设定为定值，以避免外部融资条件改变产生的影响。

与博尔顿等（Bolton et al，2013）不同的是，本章假设状态 G 的转换强度为 $\zeta_G = 0.125$ ，即状态 G 的平均年限为 8 年，表示在状态 G 中公司每年进入危机的概率为 12.5%。因此在状态 G 中融资冲击的风险价格为 $\pi_G = -\pi_B = \ln(3)$。因此，状态 G 和状态 B 中风险中性概率测度下的转换强度分别为 $\hat{\zeta}_G = 0.375$ 和 $\hat{\zeta}_B = 0.167$ 。此外，假设贴现因子 η 等于无风险利率 r 。表 4.1 汇总了模型中的关键变量和参数取值，所有的参数取值都以年为单位。

表 4.1　　关键变量和参数取值汇总

变量	符号	参数	符号	状态 G（%）	状态 B（%）
资本存量	K	无风险利率	r/η	5.00	5.00
现金持有量	W	生产波动率	σ	12.00	12.00
累计股利支付	U	折旧率	δ	15.00	15.00
累计生产率	A	风险中性收益率	μ	20.78	20.78
投资调整成本	Γ	调整成本参数	θ	180.00	180.00
累计外部融资	H	调整成本中心参数	v	15.00	15.00
累计外部融资成本	X	携带现金成本	κ	1.50	1.50
拟双曲贴现函数	D	比例融资成本	γ	6.00	6.00
时间一致性/不一致性下的公司价值	F/P	状态转换强度	ζ_s	12.50	50.00

续表

变量	符号	参数	符号	状态 G（%）	状态 B（%）
时间一致性/不一致性下的股利支付边界	$\bar{w}_s/\bar{w}_s^p$	资产清算值	l_s	100.00	30.00
时间一致性/不一致性下的融资目标现金流	m_s/m_s^p	固定融资成本	φ_s	0.50	50.00
时间一致性/不一致性下的融资边界	$\underline{w}_s/\underline{w}_s^p$	融资冲击的风险价格	π_s	ln(3)	- ln(3)

4.4.1　在经济环境转换中的时间一致性模型

现在分析时间一致性偏好的代理人在良好的外部融资条件（状态 G）或金融危机（状态 B）中如何选择最优投融资决策。图 4.1 描绘了在状态 G 和 B 中公司价值—资本比和投资—资本比及其敏感性。图 4.1 的子图 A 表明在状态 G 中，最优外部融资边界为 $\underline{w}_G = 0.0307$ 、融资目标现金流—资本比为 $m_G = 0.2254$ 和股利支付边界为 $\bar{w}_G = 0.3772$ 。然而，在状态 B 中，由于没有市场时机，时间一致性的代理人只有在公司耗尽现金时才通过发行股票筹集资金。同时，图 4.1 的子图 A 表明在状态 B 中股利支付边界 $\bar{w}_B = 0.409$ 高于状态 G 中股利支付边界 $\bar{w}_G = 0.3772$ 。在状态 B 中股票融资量为 $m_B - \underline{w}_B = 0.209$ ，比状态 G 中股票融资量（ $m_G - \underline{w}_G = 0.1946$ ）高，这反映了公司的预防性储蓄动机在状态 B 中比在状态 G 中强。

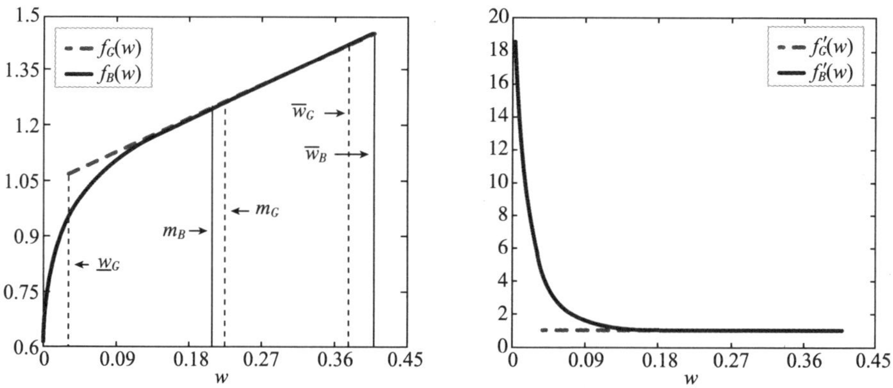

A.比较两种状态下的公司价值-资本比　　B.比较两种状态下公司价值的敏感性

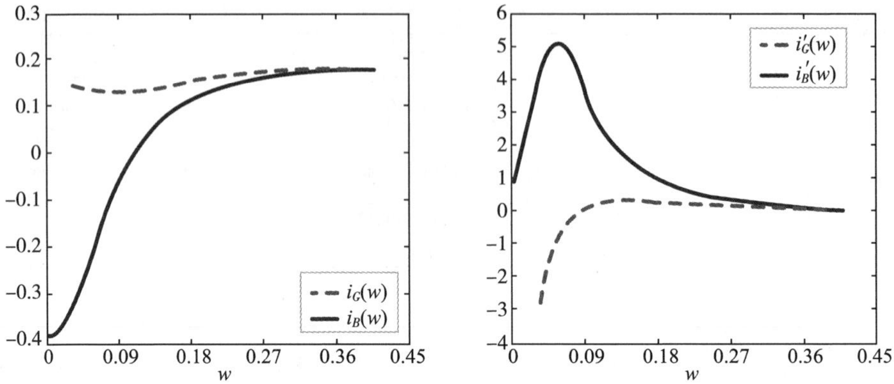

C.比较两种状态下的投资–资本比　　D.比较两种状态下投资的敏感性

图4.1　在时间一致性模型中比较两种状态公司价值—资本比和投资—资本比及其敏感性

注：图 4.1 子图 A 中 $\underline{w}_G = 0.0307$，$m_G = 0.2254$，$\bar{w}_G = 0.3772$，$m_B = 0.209$，$\bar{w}_B = 0.409$。

图 4.1 的子图 C 描绘了公司投资在状态 G 中比在状态 B 中多，而且现金流 w 越低则它们之间的差距越大。图 4.1 的子图 D 表明，投资的现金敏感性在状态 B 中比在状态 G 中高。这些研究结果表明，与状态 G 相比，时间一致性偏好的代理人在状态 B 中倾向于投资更少、股利支付更晚、股票融资量更多。也就是说，在状态 B 中，时间一致性偏好的代理人现金持有量更多。

4.4.2　在经济环境转换中的时间不一致性模型

（1）在两个模型中公司价值和投资。现在研究在经济环境转换中代理人的时间一致性偏好对公司价值和投资的影响。图 4.2 描绘了在状态 G 和状态 B 中两种偏好下公司价值—资本比和投资—资本比。这里拟双曲贴现函数中参数取值为 $\lambda = 0.3$ 和 $\beta = 0.95$。图 4.2 表明，无论在状态 G 还是状态 B 中，公司价值和投资在时间不一致性模型比时间一致性模型低。值得注意的是，公司价值和投资在时间一致性模型和时间不一致性模型之间存在较大差异，这种差异在状态 G 中比在状态 B 中更大。也就是说，时间不一致性偏好在状态 G 中对公司价值和投资的影响比在状态 B 中的影响更高。

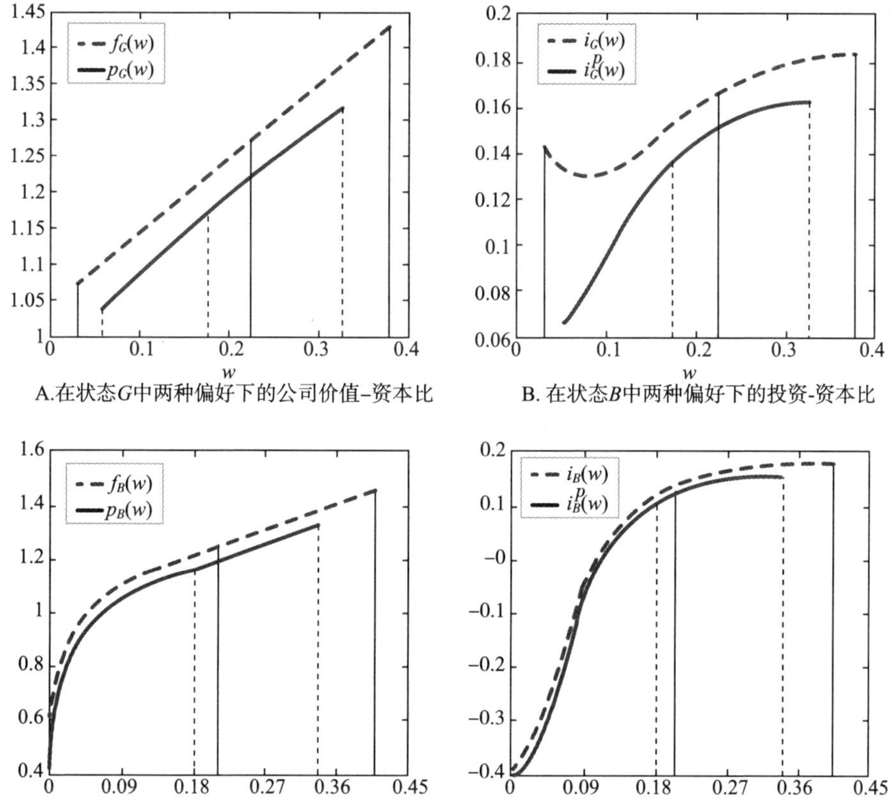

A.在状态G中两种偏好下的公司价值-资本比　　B. 在状态B中两种偏好下的投资-资本比

C.在状态B中两种偏好下的公司价值-资本比　　D.在状态B中两种偏好下的投资-资本比

图 4.2　在经济环境转换中两种偏好下的公司价值—资本比和投资—资本比

如图 4.2 所示，在状态 G 中，外部融资边界 $\underline{w}_G^p = 0.0544$ 高于 $\underline{w}_G = 0.0307$，融资的目标现金流 $m_G^p = 0.1772$ 低于 $m_G = 0.2254$，股票融资量 $m_G^p - \underline{w}_G^p = 0.1227$ 低于 $m_G - \underline{w}_G = 0.1946$。同时，在状态 B 中，因为没有市场融资时机，所以时间不一致性的代理人只有在公司耗尽现金流（$\underline{w}_B^p = 0$）时发行股票，则股票融资量（$m_B^p - \underline{w}_B^p$）等于融资目标现金流 m_B^p。因此，时间不一致性模型中股票融资量为 $m_B^p = 0.1817$，低于时间一致性模型中股票融资量 $m_B = 0.209$。这些研究结果表明：在状态 G 中时间不一致性偏好的代理人比时间一致性偏好的代理人更早发行股票；两种状态中时间不一致性偏好的代理人股票融资量比时间一致性偏好的代理人股票融资量更少。直觉上，第一，与时间一致性偏好的代理人相比，在状态 G 中由于时间不一致性偏好的代理人更没耐心，同时又更担心良好的融资市场条件消失（即外部经济环境从状态 G 转换到状态 B ），因此选择比时间一致性偏好的代理人更早发行股票；第二，在两种状态中当选择外部融资时，除了会产生固定融资成本外，还会产生额外的比例融资成本，因此时间不一致性偏好的代理人为了减少外部融资成本而发行更少的股票数量。

此外，在状态 G 中股利支付边界 $\bar{w}_G^p = 0.3272$ 低于 $\bar{w}_G = 0.3772$ ，而在状态 B 中股利支付边界 $\bar{w}_B^p = 0.3408$ 也低于 $\bar{w}_B = 0.409$ 。直觉上，一方面，由于时间不一致性偏好的代理人对未来自己分配的股利估值低于当前自己分配股利的估值，因此他（她）宁愿在当前区间更早地以更少的现金股利支付给股东；另一方面，为了减少携带现金成本，时间不一致性偏好的代理人更早地支付股利以保持较少的持有现金余额。这些研究结果表明，时间一致性偏好的代理人更注重短期策略，而忽视长期策略。

（2）在状态 G 中时间不一致性偏好程度的影响。现在研究在状态 G 中代理人的时间不一致性偏好程度（ λ 和 β ）对外部融资边界、融资量和股利支付边界的影响。图 4.3 展示了 λ（此时固定 $\beta = 0.95$ ）对外部融资边界、融资量和股利支付边界的影响。图 4.3 的子图 A 表明，外部融资边界在时间不一致性模型中的值比时间一致性模型中的值更高。当 $\lambda < 0.5$ 时，$\bar{w}_G^p$ 逐渐增加，当 $\lambda > 0.5$ 时 $\bar{w}_G^p$ 逐渐趋于一个稳定值（0.0636）。同时，如图 4.3 的子图 B 所示，股票融资量在时间不一致性模型中的值比时间一致性模型中的值低，且 λ 在区间 $[0,0.5)$ 时发行量急剧降低并在 $\lambda \geqslant 0.5$ 时趋于一个稳定值（0.0909）。

这是很直观的。一方面，λ 越大，时间不一致性偏好的代理人变得越没耐心；另一方面，时间不一致性偏好的代理人害怕良好的市场融资环境消失，也就是害怕状态从 G 转换到 B 。这两个方面导致了时间不一致性偏好的代理人选择更早地执行外部融资策略，但是筹集的融资量更少，即使此时公司没有立即融资的需要。此外，由于未来区间到达的可能性变大以及公司有固定的融资成本，因此最优的股票融资量是一个稳定的内生值。因

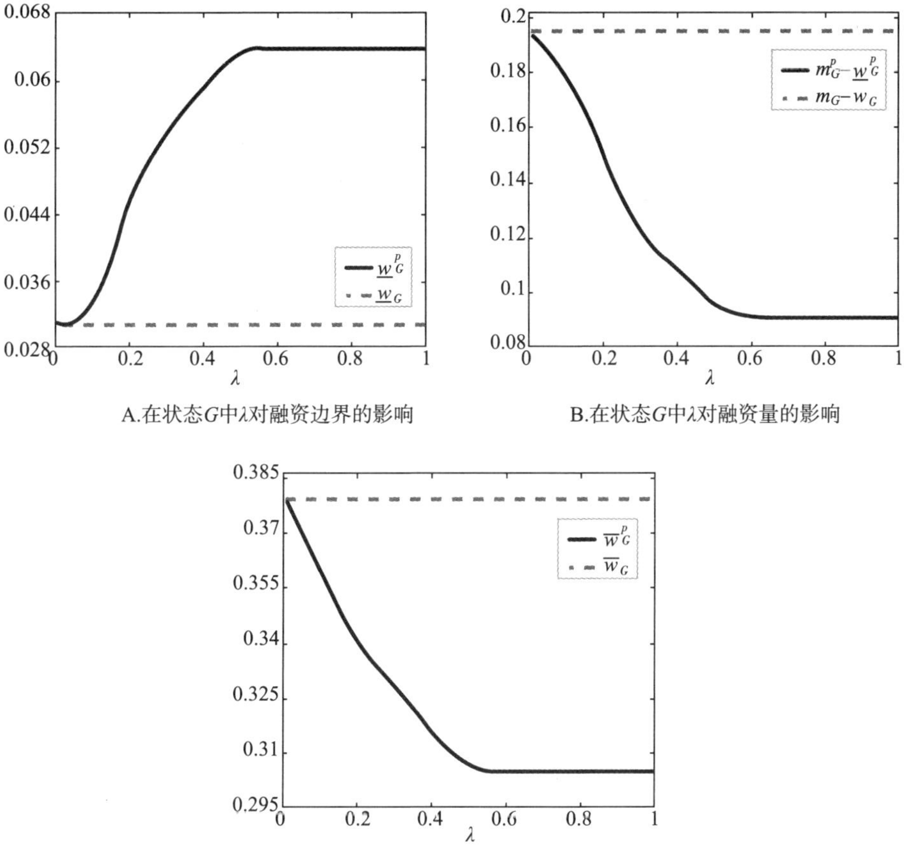

A.在状态G中λ对融资边界的影响　　B.在状态G中λ对融资量的影响

C. 在状态G中λ对股利支付边界的影响

图 4.3　在状态 G 中 λ 对融资边界、融资量和股利支付边界的影响

此，当 $\lambda \geqslant 0.5$ 时，最优外部融资边界和股票融资量都是常数。

图 4.3 的子图 C 表明，股利支付边界在时间一致性模型中的值比在时间不一致性模型中的值低。同时，$\bar{w}_G^p$ 在区间 [0,0.5) 随 λ 的增加而降低，当 $\lambda \geqslant 0.5$ 时 $\bar{w}_G^p$ 逐渐趋于稳定值（0.3045）。这意味着时间不一致性偏好的代理人倾向于更早地支付股利给股东。随着 λ 在区间 [0,0.5) 增大，代理人越没有耐心等待，因此选择更早地支付股利。这个结果和陈等（Chen et al，2014；Chen et al，2016）的研究结果一致。不同于他们的是，当 $\lambda \geqslant 0.5$ 时，股利支付边界保持稳定。事实上，为了避免资金链断裂和避免

进入不好的市场条件，最优股利支付边界是一个稳定值。

图 4.4 展示了在时间一致性模型和时间不一致性模型中 β（此时固定 $\lambda=0.5$）对外部融资边界、融资量和股利支付边界的影响。从图 4.4 可知，外部融资边界 $\underline{w}_G^p$ 比 $\underline{w}_G$ 高，且 $\underline{w}_G^p$ 随着 β 的增加而降低。在时间不一致性模型中，外部融资量和股利支付边界都低于它们在时间一致性模型中的值，而且它们都随着 β 的增加而增加。这表明随着 β 的降低，时间不一致性偏好

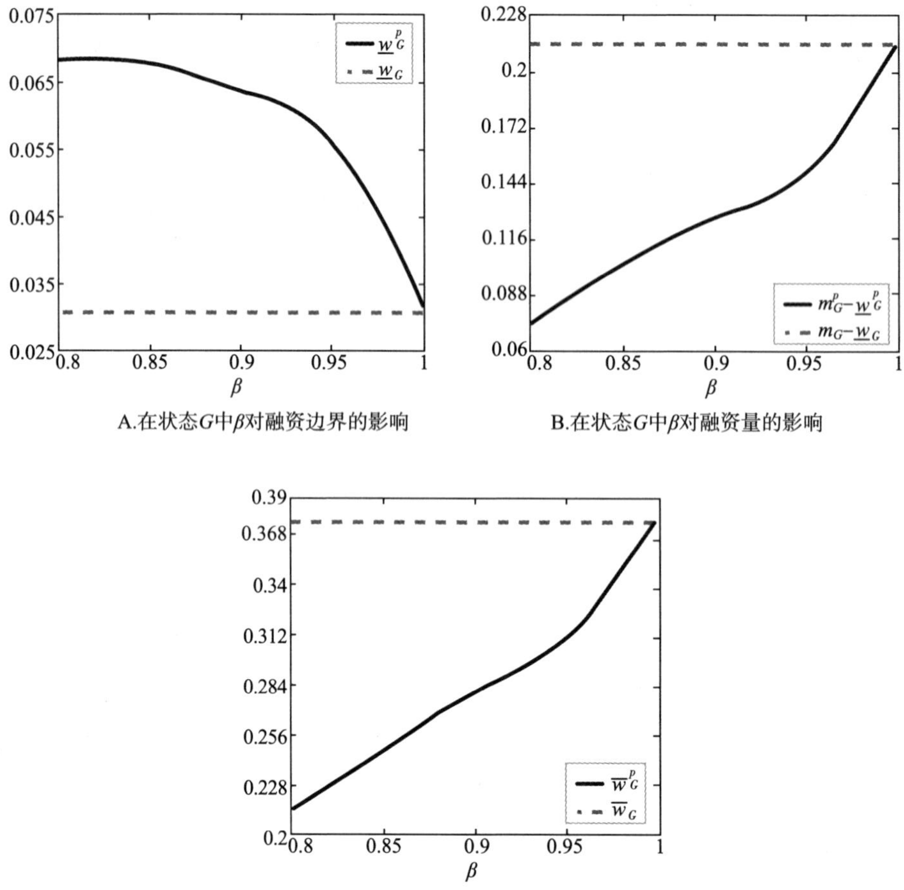

图 4.4　在状态 G 中 β 对融资边界、融资量和股利支付边界的影响

的代理人越害怕不好的市场条件或融资危机到来，导致他（她）主要关注短期融资，即更早地支付股利、更早地进行外部融资，即使融资量较少。显然，代理人的时间不一致性偏好导致公司的现金余额降低，从而使公司更容易进入严重的融资危机。

（3）在状态 B 中时间不一致性偏好程度的影响。现在研究在状态 B 中时间不一致性偏好对股票融资量和股利支付边界的影响。首先研究 λ（此时固定 $\beta = 0.95$）对股票融资量 m_B^p 和股利支付边界 $\bar{w}_B^p$ 的影响。图 4.5 表明，股票融资量和股利支付边界在时间不一致性模型中比在时间一致性模型中低。同时 m_B^p 和 $\bar{w}_B^p$ 随着 $\lambda(\leqslant 0.4)$ 的增加而降低，而 $\lambda > 0.4$ 时，m_B^p 和 $\bar{w}_B^p$ 分别趋近于他们各自的稳定值 0.1773 和 0.3364。这里股票融资量的改变主要有两个原因：第一个原因是在状态 B 中公司面临较高的外部融资成本，导致时间不一致性偏好的代理人发行更少的股票融资量，以便等待良好的市场融资时机；第二个原因是随着 λ 降低，未来区间到达的可能性增大，使时间不一致性偏好的代理人发行更少的股票，以缓解当前的资金短缺问题。此外，由于携带现金成本和代理人的不耐心行为，使时间不一致性偏好的代理人更早地支付股利给股东。

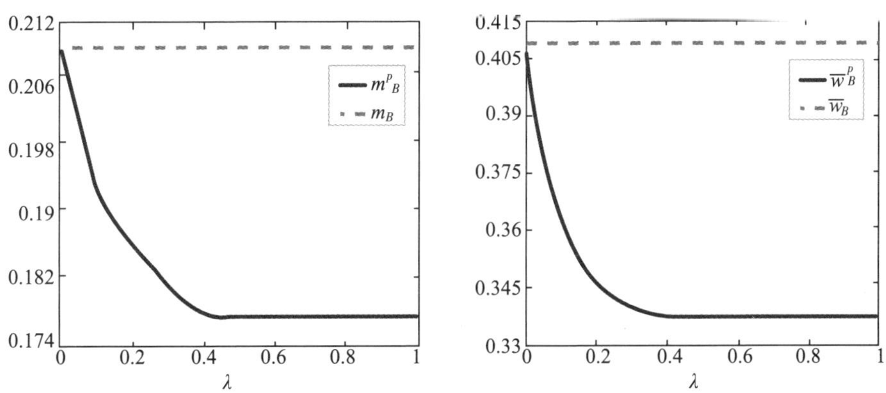

A.在状态B中λ对股票融资量的影响　　B.在状态B中λ对股利支付边界的影响

图 4.5　在状态 B 中 λ 对股票融资量和股利支付边界的影响

由图 4.3 和图 4.5 可知，股票融资量和股利支付边界的稳定值在状态

B 中比在状态 G 中更高。这表明时间不一致性偏好的代理人在金融危机中会选择储备更多的现金流。这些研究结果说明，公司的现金余额在时间不一致性模型中比在时间一致性模型中更低。同时说明，代理人的时间不一致性偏好和经济转换体制能间接地使公司的资金链断裂和清算的可能性增加。

另外，考虑 β（此时固定 $\lambda = 0.5$）对股票融资量 m_B^p 和股利支付边界 $\bar{w}_B^p$ 的影响。图 4.6 表明股票融资量 m_B^p 和股利支付边界 $\bar{w}_B^p$ 随 β 增加而增加。当 β 较低时，代理人更多地关注当前区间，而忽视未来区间，导致公司发行较少的融资量和更早地支付股利。代理人的时间不一致性偏好使公司持有更少的现金，从而使公司更容易进入清算。

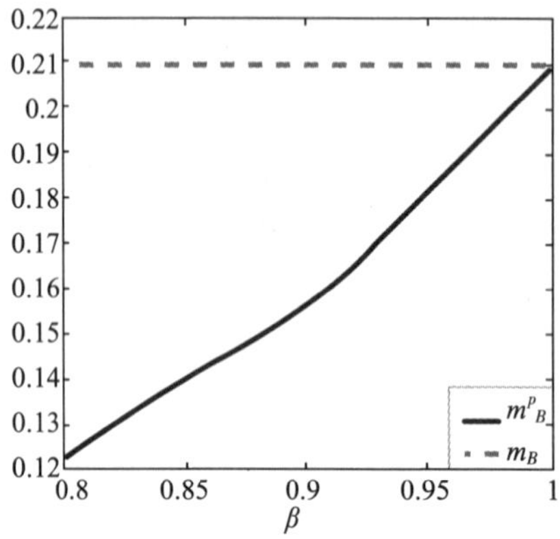

A.在状态B中β对融资量的影响

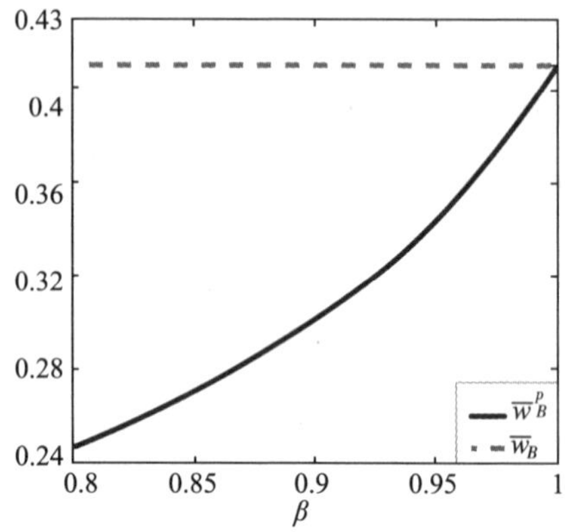

B.在状态B中β对股利支付边界的影响

图 4.6　在状态 B 中 β 对融资量和股利支付边界的影响

（4）比较分析。现在分析代理人的时间不一致性偏好（λ 和 β）在状态 G 和状态 B 中的差异。为了分析 λ 和 β 的影响，本章主要分析在时间不一致性模型（$\beta = 0.95$ 和 $\lambda = 0.5$）中，股票融资量和股利支付边界的最大值与最小值之间的差异，即比较图 4.3 至图 4.6 中股票融资量和股利支付边界的最大值和最小值的差异，结果如表 4.2 所示。

表 4.2　　时间不一致性在状态 G 和状态 B 中的差异

参数	状态	股票融资量			股利支付边界		
		最人值	最小值	差异	最大值	最小值	差异
λ	G	0.1947	0.0909	53.3%	0.3773	0.3045	19.3%
	B	0.2091	0.1773	15.2%	0.4091	0.3364	17.8%
β	G	0.1947	0.0727	62.7%	0.3773	0.2136	43.4%
	B	0.2091	0.1227	41.3%	0.4091	0.2455	40.0%

注：最大值是在时间一致性模型中股票融资量和股利支付边界；最小值是在时间不一致性模型中不同偏好程度的股票融资量和股利支付边界中最小的值。

表 4.2 说明在状态 G 中，股票融资量的最大值和最小值之间的差异为 53.3%。但是在状态 B 中，这种差异仅为 15.2%。同时，在状态 G 中，股利支付边界最大值和最小值之间的差异为 19.3%，而在状态 B 中这种差异约为 17.8%。这说明，参数 λ 在状态 G 对股票融资量和股利支付边界的影响比在状态 B 中的影响大。同样地，从表 4.2 可知，参数 β 对在状态 G 中股票融资量和股利支付边界的影响比在状态 B 中的影响更大。这表明代理人的时间不一致性偏好在状态 G 中对和股利支付边界的影响比在状态 B 中的影响更大。

总之，通过定量分析表明在状态 G 和状态 B 中股票融资量和股利随代理人的时间不一致性偏好程度的增加而降低。简而言之，代理人的时间不一致性偏好程度越高，代理人选择执行最优股利支付策略越早；特别地，在状态 G 中股票融资量较少但更早地执行股票融资策略。值得注意的是，代理人的时间不一致性偏好在状态 G 中比在状态 B 中的影响更大。

4.5　算例分析

现在假设 A 公司的资本存量为 1000 万元、现金持有量为 100 万元，根据本章模型对外部融资环境良好和金融危机这两种状态下的投融资策略进行详细分析。

(1) 外部融资环境良好的情况。①股利政策：A 公司的最优股利支付边界在 BCW 模型中为 377 万元，在时间不一致性模型中为 327 万元。当现金持有量为 100 万元时，均未达到股利支付边界，因此无须向股东支付股利。②投资政策：现金持有量为 100 万元时，在 BCW 模型中的最优投资额为 131 万元，在时间不一致性模型中为 94 万元。此时企业价值在 BCW 模型中为 1145 万元，在时间不一致性模型中为 1088 万元。③股权融资策略：由于在外部融资环境良好时存在最优融资时机，因此在 BCW 模型中最优融资时机是现金持有量为 31 万元的时刻；在时间不一致性模型中最优融资时机是现金持有量为 55 万元的时刻。由于现金持有量 100 万元均大于最优融资边界，因此无须融资。当然，倘若现金持有量为 30 万元时，在两个模型中均低于最优融资边界，因此在 BCW 模型中最优融资额为 196 万元，在时间不一致性模型中最优融资额为 147 万元。

（2）金融危机的情况。①股利政策：A 公司的最优股利支付边界在 BCW 模型中为 409 万元，在时间不一致性模型中为 345 万元。当现金持有量为 100 万元时，均未达到股利支付边界，因此无须支付股利。②投资政策：现金持有量为 100 万元时，在 BCW 模型中最优投资额为 -24 万元（表示资产出售 24 万元），在时间不一致性模型中为 -48 万元（表示出售资产 48 万元），表示两个模型都在缩小投资。此时，企业价值在 BCW 模型中为 1127 万元，在时间不一致性模型中为 1073 万元。③股权融资策略：由于在金融危机中不存在最优融资时刻，因此只有当现金持有量耗尽时融资，此时在 BCW 模型中最优融资额为 209 万元、在时间不一致性模型中为 182 万元。

根据算例分析表明，代理人的时间不一致性偏好无论在外部融资环境良好的条件下，还是在金融危机中，都对企业的股利策略、投资策略、融资策略的影响很大。

4.6 本章小结

本章研究了在良好的市场环境（状态 G）或金融危机（状态 B）中，代理人的时间不一致性偏好对融资边界、股利支付和融资量的影响。研究结果表明：与时间一致性偏好的代理人相比，时间不一致性偏好的代理人表现得更没耐心，因此他（她）更早地支付股利和发行股票，即使获得更少的融资量。代理人的时间不一致性偏好在状态 G 中的影响比在状态 B 中的影响更大。最后给出本章模型的算例分析。根据模型研究和算例分析表明，代理人的时间不一致性偏好无论在外部融资环境良好，还是在金融危机环境中，都对公司的投融资策略、股利策略有较大影响。特别地，在金融危机中，代理人的时间不一致性偏好是导致企业更容易面临清算和破产的一个重要因素。因此，当股东和代理人制定契约或公司决策时，很有必要考虑代理人或股东的时间不一致性偏好。

第5章

基于时间不一致性偏好的最优契约和投资策略

本章把决策者的时间不一致性偏好与Q理论投资模型、连续时间代理模型相结合，研究决策者的时间不一致性偏好对公司的最优契约和动态投资的影响。事实上，委托—代理问题的基本假设是委托人和代理人都使各自的效用最大化，因此委托人在制定最优契约时也要考虑到代理人的时间不一致性偏好。本书主要从代理人的时间不一致性偏好角度展开研究，得到三个主要研究结果：（1）当企业的融资约束条件较宽松时，均值q、边际q、委托人收益和企业投资受时间不一致性偏好的影响较大；（2）当企业的融资约束条件较紧张时，均值q、边际q、委托人收益和企业投资受时间不一致性偏好的影响较弱；（3）时间不一致性偏好程度与最优薪酬支付边界正相关。

5.1 引言

企业的委托—代理问题是经济学界的研究热点。德马佐和桑尼科夫（Demarzo and Sannikov，2006）通过连续时间代理模型研究企业的最优契约和资本结构（包括信用额度、长期债务和股权结构），使企业的最优契约和资本结构的特征更清晰。德马佐等（Demarzo et al，2012）在此基础上构建最优契约和Q理论投资模型（简称DFHW模型）研究企业的最优契约和动态投资问题。研究发现，投资与企业盈利、代理人薪酬、生产冲击等呈正相关。然而，他们的模型都仅考虑了代理人相对于委托人表现出不耐心，而没有考虑决策者的当前自我与未来自我之间时间偏好的不一致性。本章将代理人和委托人的时间不一致性偏好与 DFHW 模型相结合，研究时间不一致性偏好对企业决策的影响。

在标准的时间不一致性决策模型中，时间不一致性决策问题被视为不同时期不同自我内心争斗的结果。换句话说，当前自我在做决策时考虑未来自我的决策。因此，为了探讨决策者的时间不一致性偏好如何影响最优契约和投资策略，本章基于 DFHW 模型讨论三种情况：仅代理人具有时间不一致性偏好、仅委托人具有时间不一致性偏好、代理人和委托人都有时间不一致性偏好。

本章在经典的 DFHW 模型基础上研究决策者的时间不一致性偏好，通过动态规划方法得到关于委托人值函数的 HJB 方程，并求得委托人值函数和最优投资的数值解。与经典的 DFHW 模型相比，本章的研究结果表明：(1) 时间不一致性偏好使代理人的初始薪酬减少；(2) 代理人的时间不一致性偏好使最优薪酬支付边界提高，委托人的时间不一致性偏好使最优薪酬支付边界降低；(3) 企业的均值 q、边际 q、投资和委托人收益都随时间不一致性偏好程度增加而降低。

5.2　时间不一致性偏好

本章采用拟双曲贴现函数描述代理人的时间不一致性偏好过程。用 $D_n^1(t,s)$ 表示代理人的第 n 个自我的贴现函数，即在任何时刻 $t \in [t_n, t_{n+1})$，代理人以贴现率 $D_n^1(t,s)$ 估算未来单位收益的现值。$D_n^1(t,s)$ 的函数表达式如下：

$$D_n^1(t,s) = \begin{cases} e^{-\gamma(s-t)}, s \in [t, t_{n+1}) \\ \rho e^{-\gamma(s-t)}, s \in [t_{n+1}, \infty) \end{cases} \tag{5.1}$$

式 (5.1) 中，$s \geqslant t$。特别地，当第 n 个自我在 t_n 时刻就职，即第 n 个自我控制时间区间 $[t_n, t_{n+1})$ 内的企业决策，用贴现函数 $D_n^1(t,s)$ 估算收益，随

后在 t_{n+1} 时刻离职或退休。同时在 t_{n+1} 时刻，第 $n+1$ 自我就职并控制 $[t_n, t_{n+2})$ 的企业决策，用 $D_{n+1}^1(t,s)$ 估算收益，然后在 t_{n+2} 时刻离职或退休，如此类推。拟双曲贴现函数（5.1）反映了在实际中代理人执行短期决策比长期决策更不耐心的现象。参数 ρ 和 ζ 共同决定代理人的时间不一致性偏好程度，其中 ρ 刻画与当前相关的未来每一单位收益的估值，ζ 刻画时间偏好改变的频率。

同理，本章假设 $D_n^2(t,s)$ 表示委托人的时间不一致性偏好，即：

$$D_n^2(t,s) = \begin{cases} e^{-r(s-t)}, s \in [t, t_{n+1}) \\ \eta e^{-r(s-t)}, s \in [t_{n+1}, \infty) \end{cases} \tag{5.2}$$

式（5.2）中，$\eta \in [0,1]$ 是一个额外贴现因子，表示委托人的第 n 个自我以更低的贴现率估算未来获取的收益。假设委托人的时间偏好变化的时间间隔 $t_{n+1} - t_n$ 是随机的且服从参数为 $\xi \geqslant 0$ 的指数分布，即 $\mathbb{P}(t_{n+1} - t_n > t) = e^{-\xi t}$。

5.3 建立模型

5.3.1 公司的生产技术

假设公司用资本作为产品输出，资本价格标准化为单位1。用 K 和 I 分别表示资本存量和总投资水平。根据标准的资本累计模型，公司资本存量 K 满足微分方程：

$$\mathrm{d}K_t = (I_t - \delta K_t)\mathrm{d}t, \ t \geqslant 0 \tag{5.3}$$

式（5.3）中，$\delta \geqslant 0$ 表示资本折旧率。

投资需要调整成本。根据经典的投资理论，假设调整成本 $G(I,K)$ 关于 I 平滑、凸的，且关于 I 和 K 是一次齐次性的，并且满足 $G(0,K) = 0$。假设调整成本满足下面的二次形式：

$$G(I,K) = \frac{\theta}{2}\frac{I^2}{K} \tag{5.4}$$

式（5.4）中，θ 是调整成本参数。

假设公司的生产技术为“AK”类型。在单位时间 $\mathrm{d}t$ 内，总产出增加量是 $K_t\mathrm{dA}_t$，这里 A_t 是累计生产过程。根据公司投资和调整成本，可得累计现金流 Y_t 的动态过程为：

$$\mathrm{d}Y_t = K_t\mathrm{d}A_t - I_t\mathrm{d}t - G(I_t,K_t)\mathrm{d}t, t \geqslant 0 \tag{5.5}$$

契约在任何时刻都可以终止。假设契约终止是无效率的且会产生额外损失，则契约终止时委托人获得 lK_t（$l \geqslant 0$ 且是常数）的终止价值。

5.3.2　代理问题

由于委托人雇用代理人经营公司，导致公司所有权和控制权分离以及委托人和代理人之间信息不对称，最终造成委托人利益受损的现象被称为代理问题。在新古典模型中，通常假设生产过程 A_t 是外生的，而在本章的模型中，假设生产过程受代理人不可观测的行为影响。特别地，代理人的行为 $\alpha_t \in [0,1]$ 决定单位资本的期望生产率，故生产过程 A_t 的变化情况为：

$$\mathrm{d}A_t = \alpha_t\mu\mathrm{d}t + \sigma\mathrm{dZ}_t, \quad t \geqslant 0 \tag{5.6}$$

式（5.6）中，Z_t 是布朗运动过程，σ 是累计生产率过程 A_t 的常数波动率。代理人能控制漂移系数 μ，但是不能控制生产率过程 A_t 的波动率 σ。

假设代理人选择行为过程 $\{\alpha_t \in [0,1]:0 \leqslant t < \tau\}$，其中 τ 表示契约的终止时刻，α_t 也可理解为选择努力工作的程度。代理人每单位资本为自己获取私人利益 $\lambda(1-\alpha_t)\mu\mathrm{d}t$，其中 $\lambda \in [0,1]$ 表示代理问题的严重程度，也就是说，代理人转移了现金流的 $1-\alpha_t$ 部分为私人利益。由于私人利益是线性的，当 $\alpha_t = 0$ 表示代理人推卸工作，$\alpha_t = 1$ 表示代理人完全努力工作。因此需要寻找最小的激励水平，使 λ 的值最小。

假设委托人具有无限的财富且在风险中性概率测度下的贴现率为 $r > 0$。假设代理人在风险中性概率测度下的贴现率为 $\gamma > r$，也就是说，代理人相对于投资者是不耐心的（这种不耐心是因为有其他吸引代理人的投资机会），这个假设是为了避免委托人无限期的推迟支付薪酬给代理人。同时，代理人具有时间不一致性偏好，这种偏好用拟双曲贴现函数 $D_n^1(t,s)$ 刻画。此外，代理人无初始财富，但是具有有限的责任，因此委托人不能支付负的工资给代理人。若契约终止，则代理人的预期值被标准化为0。

下面通过三种情况的讨论来研究时间不一致性偏好对企业决策产生的影响，包括仅代理人具有时间不一致性偏好、仅委托人具有时间不一致性偏好、代理人和委托人都具有时间不一致性偏好。

5.4 仅代理人具有时间不一致性偏好

5.4.1 建立最优契约

假设公司资本存量 K_t 和现金流 Y_t 是可观察和可伸缩的，因此，投资 I_t 和生产率 A_t 也是可伸缩的。为了最大化公司价值，委托人提供一个契约，这个契约详细说明公司的投资政策 I_t 、代理人的累计报酬 U_t 以及终止时刻 τ 。这些变量都依赖于代理人的经营业绩且通过企业的生产过程 A_t 表现出来。由于代理人的责任是有限的，故要求代理人的累计薪酬 U_t 是关于时间非递减的。用 $\Phi = (I,U,\tau)$ 表示契约。

本章假设代理人有时间不一致性偏好而委托人有时间一致性偏好时，最优契约用 Φ_1 表示。在 $t = 0$ 时刻，时间不一致性偏好的代理人选择一个行为过程 $\{\alpha_t \in [0,1]:0 \leqslant t < \tau\}$ 使其总期望报酬为：

$$W(\Phi_1) = \max_{\{\alpha_s \in [0,1]:0 \leqslant s < \tau\}} \mathbb{E}^{\alpha}\left[\int_0^{\tau} D_0^1(0,s)(\mathrm{d}U_s + \lambda(1 - \alpha_s)\mu K_s \mathrm{d}s)\right] \tag{5.7}$$

式（5.7）中，$E^{\alpha}(\cdot)$ 是由行为过程引起的概率测度下的期望算子。式（5.7）中第一项表示委托人支付给代理人的报酬，第二项表示代理人的行为在 $\alpha_t < 1$ 时获取的潜在私人利益，代理人的目标就是使这两项总和的现值最大化。

在任何时刻 t ，委托人预期收益的现值为：

$$P_1(K_t,W_t) = \max_{\Phi_1} \mathbb{E}^{\alpha}\left[\int_t^{\tau} e^{-r(s-t)}(\mathrm{d}Y_s - \mathrm{d}U_s) + e^{-r(\tau-t)} lK_{\tau}\right] \tag{5.8}$$

s. t. Φ_1 是激励相容的且 $W(\Phi_1) = W_t$ 。

式（5.8）中，第一项表示公司总现金流与代理人报酬之差的现值，第二项表示契约终止价值的现值。委托人的目标是使它们的总期望现值最大化。假设企业具有初始资产 K_0 ，代理人的初始报酬为 W_0^1 。当契约开始时，代理人和委托人的相对议价能力决定预期支付 W_0^1 。若委托人的议价能力占优，则 $W_0^1 = \arg\max_{W \geqslant 0} P_1(K_0, W)$ ；反之，代理人的议价能力占优，则 $W_0^1 = \max\{W: P_1(K_0, W) \geqslant 0\}$ 。本章假设委托人的议价能力更强。

5.4.2　模型求解

当 $\lambda = 0$ 或者 $\sigma = 0$ ，说明企业不存在代理冲突，则问题变为一个新古典主义的基本模型（Demarzo et al，2012）。委托人在契约 Φ_1 中详细说明公司的投资政策 I_t 、代理人的累计报酬 U_t 以及终止时刻 τ 。假设在任何时刻委托人能提供丰富的薪酬使代理人选择有效行为 $\alpha_t = 1$ 。用期望算子 $\mathbb{E}^{\alpha}(\cdot)$ 表示在 $\{\alpha_t = 1: 0 \leqslant t < \tau\}$ 下的测度，如果实现了这个有效行为，则称 Φ_1 是一个激励兼容契约。因此，对于委托人而言，契约必须是激励兼容的（即任何时刻代理人选择的行为是 $\alpha_t = 1$ ）且最大化委托人收益。

给出一个激励兼容契约 Φ_1 和时间 t ，由于代理人具有时间不一致性偏好，则代理人未来薪酬的预期现值为：

$$W_t(\Phi_1) = \mathbb{E}_t\left[\int_t^{\tau} D_n^1(t, s)\, \mathrm{d}U_s\right] \tag{5.9}$$

本章称 W_t 为代理人在时间不一致性偏好下随着时间 t 变化的连续薪酬。

代理人在 t 时刻的薪酬增量由两个部分组成：现金薪酬 $\mathrm{d}U_t$ 和委托人承诺的未来薪酬的改变量 $\mathrm{d}W_t$ 。根据德马佐和桑尼科夫（Demarzo and Sannikov，2006）以及德马佐等（Demarzo et al，2012）的文献，为了弥补代理人的时间偏好，这个增量必须等于均值 $\gamma W_t \mathrm{d}t$ ，因此有：

$$E_t(\mathrm{d}W_t + \mathrm{d}U_t) = \gamma W_t \mathrm{d}t \tag{5.10}$$

式（5.10）反映了代理人的平均报酬。

为了保持契约的激励兼容性，代理人的报酬必须与公司的增量产出 $K_t \mathrm{d}A_t$ 保持较大的敏感性。另外，代理人具有时间不一致性偏好，采用拟双曲贴现函数描绘时间不一致性偏好过程。由于代理人的每个自我的任职期限是强度为 ζ 的泊松分布，则在激励兼容契约中，代理人的连续薪酬变化过程如下：

$$dW_t + dU_t = \gamma W_t dt + \beta_t K_t(dA_t - \mu dt) + (\rho - 1)W_t(dN_t - \zeta dt) \tag{5.11}$$

式（5.11）的等式右边第二项是为了保持契约的激励兼容性，代理人薪酬必须与公司产出增量 $K_t dA_t$ 保持较大的敏感性，其中 $\beta_t(0 \leqslant t < \tau)$ 被称为激励系数，且是一个循序可测过程。式（5.11）的等式右边最后一项描述代理人的时间不一致性偏好对连续薪酬产生的影响，也可理解为因代理人未来自我的时间偏好发生改变时薪酬的改变量。其中，N_t 是一个参数为 ζ 的泊松过程，描述未来自我的到达或时间不一致性偏好随机变化的过程。在 $[t, t + dt]$ 内 dN_t 表示因时间不一致性偏好而引起代理人薪酬的变化量，代理人从第 n 个自我转换到第 $n+1$ 个自我的概率是 ζdt，$(\rho - 1)W_t$ 为代理人从第 n 个自我转换到第 $n+1$ 个自我时报酬的调整量。事实上，$dN_t - \zeta dt$ 的期望值等于0。

为了理解激励系数 β_t 的最优选择，假设代理人选择行为过程 $\alpha_t < 1$。因此代理人选择这个行为过程产生的瞬时成本是预期薪酬减少，表示为 $\beta_t(1 - \alpha_t)\mu K_t dt$；而获取的瞬时私人利益表示为 $\lambda(1 - \alpha_t)\mu K_t dt$。为了激励代理人完全努力工作，则需代理人的瞬时成本大于等于瞬时私人利益。也就是说，为了激励代理人在任何时刻 t 都选择行为过程 $\alpha_t = 1$，委托人的最优选择是 $\beta_t \geqslant \lambda$。

直觉上，契约的激励兼容性要求代理人充分披露公司已实现的产出，否则代理人将有利可图，例如代理人为了获取私人利益而消费。在激励兼容契约中，委托人以较低的激励成本使代理人的信息披露最小化，并使代理人选择有效行为过程 $\alpha_t = 1$。此外，生产冲击 dZ_t 会增加契约终止的可能性，甚至导致代理人的连续薪酬减少为0（即 $W_t = 0$），此时契约终止或企业面临清算，这对委托人来说，会产生额外成本，所以 β_t 的值不能太大，否则委托人支付代理人的薪酬较高，企业的利润必然减少。因此，为了保持契约的激励兼容性以及减少因清算或契约终止而产生的成本，一个最优的激励兼容性契约是使代理人的激励系数为 $\beta_t = \lambda$ 。

本章把这些结论总结为定理 5.1，根据德马佐等（DeMarzo et al, 2012）和桑尼科夫（Sannikov, 2008）经典文献给出严格的数学证明。

定理 5.1 如果代理人不能有私人利益，则完全努力工作 $\alpha_t = 1$ 是激励兼容的当且仅当 $\beta_t \geqslant \lambda$（$t \leqslant \tau$）。

证明：假设代理人选择行为过程 $\alpha_t \in [0,1]$ ，则代理人获取的瞬时私人利益是 $\lambda(1 - \alpha_t)\mu K_t \mathrm{d}t$ ，同时代理人选择这个行为过程产生的瞬时成本是预期薪酬减少 $\beta_t(1 - \alpha_t)\mu K_t \mathrm{d}t$ 。因此，代理人总的净私人利益是：

$$\mathbb{E}\left[\int_0^\tau e^{-\gamma t}\lambda(1 - \alpha_t)\mu K_t \mathrm{d}t - \int_0^\tau e^{-\gamma t}\beta_t(1 - \alpha_t)\mu K_t \mathrm{d}t\right] \tag{5.12}$$

从式（5.12）可知，若任何时刻 t 有 $\beta_t < \lambda$ ，则代理人选择行为过程 $\alpha_t < 1$ 时式（5.12）最大化，此时代理人的最优选择是获取私人利益；若任何时刻 t 有 $\beta_t \geqslant \lambda$ ，则代理人选择行为过程 $\alpha_t = 1$ 时式（5.12）最大化，此时代理人没有私人利益且完全努力工作，表明契约是激励兼容的。证毕。

在任何时刻 t ，与企业发展相关的状态变量主要是企业的资本存量 K_t 和代理人的连续薪酬 W_t 。在最优契约中，仅代理人具有时间不一致性偏好下的激励兼容性契约用 Φ_1 表示，委托人在支付代理人薪酬后获取的收益用值函数 $P_1(K,W)$ 表示。基于公司技术的规模不变性，可令 $P_1(K,W) = p_1(w)K$ 和 $I_1 = i_1(w)K$ ，把二维问题转变为关于单变量 $w = \dfrac{W}{K}$ 的一维问题。

当委托人支付给代理人的报酬等于代理人从外部投资机会获取的报酬时，必须立即终止契约；否则代理人可能会为了私人利益去消费。此时委托人支付给代理人的报酬被正规化为 0，故有：

$$p_1(0) = l \tag{5.13}$$

直觉上，一个较高的 w_t（相当于较高水平的现金补偿）使契约终止概率降低，因此延迟支付代理人的薪酬是有利的。当 w_t 很小时，要让 w_t 快速增加，最优契约设定现金报酬 $\mathrm{d}u_t^1 = \dfrac{\mathrm{d}U_t^1}{K_t} = 0$ 。但是代理人比委托人持有更高的贴现率 $\gamma > r$ ，因此存在一个延迟支付代理人薪酬的延期支付成本。

故而委托人要在契约终止概率低和延迟支付成本低之间权衡，寻找最优薪酬支付边界 $\bar{w}_1$ 。因此，如果 $w_t > \bar{w}_1$ ，则存在一个最优的现金薪酬支付水平 $\bar{w}_1$ ；在其他情况下则延迟薪酬支付，故有：

$$\mathrm{d}u_t^1 = \max\{w_t - \bar{w}_1, 0\} \tag{5.14}$$

式（5.14）说明，若 $w_t > \bar{w}_1$ ，则有 $p(w_t) = p(\bar{w}_1) - (w_t - \bar{w}_1)$ ，且薪酬支付水平 $\bar{w}_1$ 是最小的连续现金薪酬，故有：

$$p'_1(\bar{w}_1) = -1 \tag{5.15}$$

另外，由于 $\bar{w}_1$ 是最优薪酬支付边界，同时也有“超级粘贴”条件：

$$p''_1(\bar{w}_1) = 0 \tag{5.16}$$

当 $w_t \in [0, \bar{w}_1]$ ，代理人的薪酬被延期支付，值得注意的是 $\mathrm{d}u_t^1 = 0$ 和 $\beta_t = \lambda$ ，则 w_t 的变化过程满足方程：

$$\begin{aligned}\mathrm{d}w_t &= (\gamma - (i_1(w) - \delta))w_t\mathrm{d}t + \lambda\sigma\mathrm{d}Z_t + (\rho - 1)w_t(\mathrm{d}N_t - \zeta\mathrm{d}t)\\ &= (\gamma - (i_1(w) - \delta) + (1 - \rho)\zeta)w_t\mathrm{d}t + \lambda\sigma\mathrm{d}Z_t + (\rho - 1)w_t\mathrm{d}N_t\end{aligned} \tag{5.17}$$

式（5.17）表示最优契约中代理人的连续报酬的动态过程。根据代理人和委托人的议价能力，委托人承诺支付给代理人的初始报酬为 w_0^1 ，并且代理人的连续报酬的增长率为 $(\gamma - (i_1(w) - \delta) + (1 - \rho)\zeta)$ 。当企业受到正的生产冲击时，代理人的持续报酬从初始承诺报酬 w_0^1 一直增长到 $\bar{w}_1$ ，此时代理人收到现金薪酬；当企业受到负的生产冲击时，代理人的连续薪酬从初始承诺报酬 w_0^1 开始降低，直到连续薪酬 w_t 降低到 0 时契约终止。

当 $w \in [0, \bar{w}_1]$ 时，委托人的比例值函数 $p_1(w)$ 满足常微分方程：

$$rp_1(w) = \sup_{i_1}(\mu - i_1 - \frac{\theta}{2}i_1^{\ 2}) + (i_1 - \delta)p_1(w) + (\gamma - (i_1 - \delta) + \zeta(1 - \rho))wp'_1(w) + \frac{1}{2}\lambda^2\sigma^2p''_1(w) + \zeta[p_1(\rho w) - p_1(w)] \tag{5.18}$$

式（5.18）中，i_1 是 $i_1(w)$ 的简写。式（5.18）右边第一项表示瞬时预期现金流的和，第二项表示由资本累计引起的公司价值的预期改变量，其余三项表示由连续报酬 w 的漂移系数、波动率和代理人的时间不一致性偏好引起的委托人价值的预期改变量；式（5.18）左边表示委托人的预期回报。

对式（5.18）求 $i_1(w)$ 的导数，得到最优的投资—资本比 $i_1(w)$ 满足方程：

$$(i_1(w)+\frac{\theta}{2}i_1(w)^2)'=p_1(w)-wp'_1(w) \tag{5.19}$$

式（5.19）表明，投资的边际成本等于委托人预期的投资边际值。

式（5.18）和式（5.19）共同确定了一个在区间 $w_t\in[0,\bar{w}_1]$ 内的二阶常微分方程。同时也有清算边界（5.13）和关于股利支付边界 $\bar{w}_1$ 的平滑粘贴条件（5.15）。把式（5.15）和式（5.16）代入式（5.18）中化简得：

$$p_1(\bar{w}_1)+\bar{w}_1=\max_{i_1}\frac{(\mu-i_1-\frac{\theta}{2}i_1^2)-[(\gamma-r)+\zeta(1-\rho)]\bar{w}_1+\zeta[p_1(\rho\bar{w}_1)-p_1(\bar{w}_1)]}{r-i_1+\delta} \tag{5.20}$$

式（5.20）可看成企业达到“稳定状态”的资产估值约束。式（5.20）左边是公司在 $\bar{w}_1$ 时刻的总价值；右边分子第二项是由于推迟支付代理人薪酬而产生的成本，包括由利率 $\gamma>r$ 和代理人的时间不一致性偏好产生的代理成本；而分式中分子最后一项体现了由于代理人的时间不一致性偏好而引起委托人价值的变化量。在这一点 $\bar{w}_1$，委托人支付薪酬后企业的总盈余是固定的。

5.4.3　数值分析

本章的参数取值参考 DFHW 模型中的数据，如表 5.1 所示。通过比较本节的时间不一致性模型和 DFHW 模型，研究代理人的时间不一致性偏好对最优薪酬支付边界、委托人值函数和企业投资的影响。

表 5.1　参数取值

参数	符号	参数值（%）
委托人的贴现率	r	4.6

续表

参数	符号	参数值（%）
期望生产率	μ	20.0
生产波动率	σ	26.0
资本折旧率	δ	12.5
调整成本	θ	200.0
资本清算值	l	97.0
代理人的贴现率	γ	5.0
代理问题参数	λ	20.0

（1）委托人的值函数和企业投资。现在以经典的 DFHW 模型为基准，分析代理人的时间不一致性偏好程度对最优薪酬支付边界、委托人值函数和企业投资产生的影响。从表 5.2 知，当企业处于“稳定状态”时，当代理人的时间不一致性偏好程度越高（ζ 越高或 ρ 越低），则最优薪酬支付边界越高，而委托人值函数、资产估值及最优投资越低。

表 5.2　　代理人的时间不一致性偏好在最优支付边界处的影响

模型		$\bar{w}_1$	$p_1(\bar{w}_1)$	$\bar{w}_1+p_1(\bar{w}_1)$	$i_1(\bar{w}_1)$
$\rho=0.85$	$\zeta=0$ (DFHW)	0.436	0.808	1.244	0.126
	$\zeta=1$	0.558	0.686	1.244	0.122
	$\zeta=2$	0.665	0.571	1.236	0.118
$\zeta=1$	$\rho=1$ (DFHW)	0.436	0.808	1.244	0.126
	$\rho=0.85$	0.558	0.686	1.244	0.122
	$\rho=0.8$	0.636	0.601	1.237	0.119

图 5.1 和图 5.2 分别描绘了委托人的比例值函数 $p_1(w)$ 和公司投资 $i_1(w)$ 的动态变化过程。根据图 5.1 委托人的比例值函数发现如下三种经济现象。

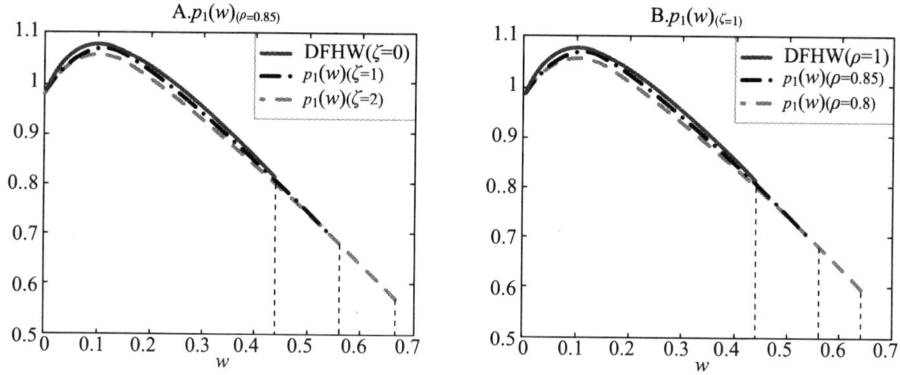

图 5.1　代理人的时间不一致性偏好对委托人值函数的影响

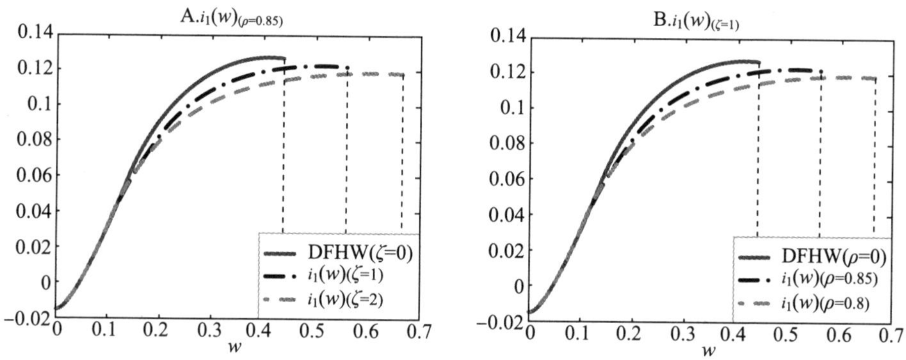

图 5.2　代理人的时间不一致性偏好对企业投资的影响

第一，随着 w 趋于最优薪酬支付边界时，如果代理人的时间不一致性偏好程度越高（ζ 越高或 ρ 越低），则委托人的比例值函数 $p_1(w)$ 越低；而随着 w 趋于清算边界时，委托人的比例值函数 $p_1(w)$ 受代理人的时间不一致性偏好的影响越小。直觉上，企业现金流约束越宽松则契约终止概率越低。

第二，在"稳定状态"时，代理人的时间不一致性偏好程度越高，委托人的比例值函数 $p_1(\bar{w}_1)$ 越低（在支付代理人的报酬 $\bar{w}_1$ 后）。因为"稳定状态"时，最优薪酬支付边界提高，但企业的总盈余是固定的，因此委托人收益降低。这体现了财富转移效应。

第三，代理人的时间不一致性偏好程度越高，最优薪酬支付边界越高。直觉上，较低的连续报酬增加契约终止概率，同时代理人的未来自我到达并用额外贴现因子 ρ 贴现连续报酬 w ，导致连续报酬的估值更低。事实上，连续报酬可视为代理人在企业的持股比例。因此，为了降低无效率的清算或契约终止，委托人的最优选择是延迟支付代理人现金薪酬以增加代理人在公司的持股比例，从而使代理人与委托人一起分担企业的不确定性风险。这体现了利益协同效应。

从图 5. 2 可知，当连续报酬 w 较高时，相对于 DFHW 模型，时间不一致性偏好模型下企业投资大幅降低，且其降低程度依赖于代理人的时间不一致性偏好程度。直觉上，企业现金流约束越宽松，契约终止概率就越小，一旦代理人的未来自我到来，代理人用额外贴现因子 ρ 贴现连续报酬 w ，导致代理人的连续报酬突然降低。代理人为了抵消这种损失，则采取牺牲委托人利益的行为，即减少企业投资，从而间接地使委托人收益减少。

当连续报酬 w 趋于清算边界时，企业投资受时间不一致性偏好的影响越来越小。直觉上，当企业现金流约束越紧张时，契约终止概率越高，代理人的未来自我出现之前契约可能已经终止，此时代理人的时间不一致性偏好逐渐退化为时间一致性偏好，因此时间不一致性偏好对企业投资的影响较小。

（2）最优薪酬支付边界。现在分析时间不一致性偏好程度对最优薪酬支付边界 $\bar{w}_1$ 的影响。从图 5. 3 可知，最优薪酬支付边界 $\bar{w}_1$ 随时间不一致性偏好程度增加（ ζ 增大或 ρ 减小）而增加。为了降低契约无效终止的风险，委托人的最优选择是延迟支付代理人的报酬以增加代理人的持股比例。

直觉上，与 DFHW 模型相比，代理人的时间不一致性偏好使委托人面临更多额外的不确定性风险。为了使代理人与委托人共同分担风险，委托人的最优选择是延迟支付报酬给代理人以增加代理人在公司的持股比例，从而降低契约终止概率。

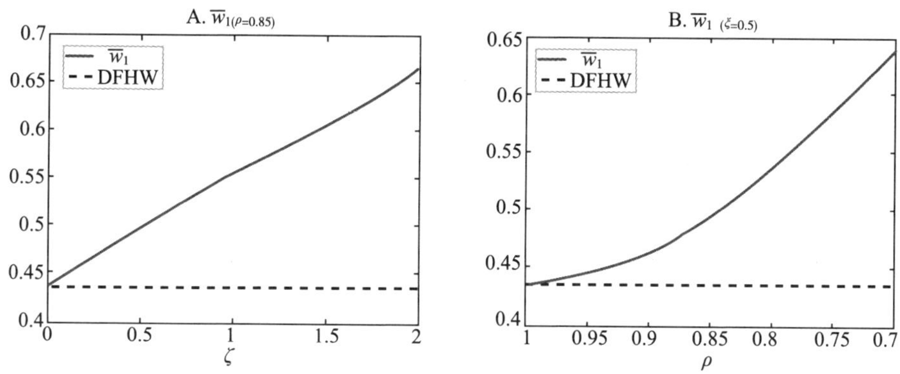

图5.3　代理人的时间不一致性偏好对最优薪酬支付边界的影响

上述分析表明，在代理人的时间不一致性偏好情况下制定的最优契约和投资策略，与DFHW模型中得到的最优契约和投资策略存在较大差异。也就是说，代理人的时间不一致性偏好对委托人值函数、企业投资、最优薪酬支付边界都有较大影响。

5.5　仅委托人具有时间不一致性偏好

5.5.1　建立最优契约

假设委托人具有时间不一致性偏好而代理人有时间一致性偏好，最优契约用Φ_2表示。当$t=0$时代理人选择一个行为过程$\{\alpha_t \in [0,1]:0 \leqslant t < \tau\}$，则代理人的总期望薪酬为：

$$W_0(\Phi_2) = \max_{\{\alpha_t \in [0,1]:0 \leqslant t < \tau\}} \mathbb{E}^{\alpha}\left[\int_0^{\tau} e^{-\gamma t}(\mathrm{d}U_t + \lambda(1-\alpha_t)\mu K_t \mathrm{d}t)\right] \quad (5.21)$$

式（5.21）中，$\mathbb{E}^{\alpha}(\cdot)$是由行为过程引起的概率测度下的期望算子。式（5.21）右边第一项表示委托人支付给代理人薪酬，第二项表示代理人的行为在$\alpha_t < 1$时获取的潜在私人利益，代理人的目标就是使这两项总和的现值最大化。

5.5.2 模型求解

给出一个激励兼容的契约 Φ_2 和时间 t，则代理人未来薪酬的预期现值为：

$$W_t(\Phi_2) = \mathbb{E}_t\left[\int_t^\tau e^{-\gamma s}\mathrm{d}U_s\right] \tag{5.22}$$

把 W_t 视为代理人在 t 时刻的连续薪酬。

与第5.5节类似，代理人在 t 时刻的薪酬增加量由两个部分组成：现金薪酬 $\mathrm{d}U_t$ 和委托人承诺在未来支付给代理人薪酬的改变量 $\mathrm{d}W_t$。为了补偿代理人的时间偏好，代理人在 t 时刻的薪酬增量均值必须等于代理人获得现金报酬 $\gamma W_t \mathrm{d}t$，因此有：

$$\mathbb{E}_t(\mathrm{d}W_t + \mathrm{d}U_t) = \gamma W_t \mathrm{d}t \tag{5.23}$$

式（5.23）反映了代理人的平均薪酬。

在仅委托人具有时间不一致性偏好的激励兼容性契约中，代理人的持续薪酬变化过程满足方程：

$$\mathrm{d}W_t + \mathrm{d}U_t = \gamma W_t \mathrm{d}t + \beta_t K_t(\mathrm{d}A_t - \mu \mathrm{d}t) \tag{5.24}$$

式（5.24）等式右边第二项是为了保持契约的激励兼容性，代理人薪酬必须与公司的产出增加量 $K_t \mathrm{d}A_t$ 保持较大敏感性，其中 $\beta_t(0 \leqslant t < \tau)$ 被称为激励系数。在激励兼容性契约中，最优的激励系数为 $\beta_t = \lambda$。

现在考虑委托人具有时间不一致性偏好的情况。与第3章类似，本章主要讨论时间不一致性偏好的委托人是成熟型的情况。给出一个激励兼容契约 Φ_2 和时间 t，成熟型委托人值函数的现值为：

$$P_2(K_t, W_t) = \max_{\Phi_2} \mathbb{E}^\alpha\left[\int_t^\tau D_n^2(t,s)(\mathrm{d}Y_s - \mathrm{d}U_s) + D_n^2(t,\tau) l K_\tau\right] \tag{5.25}$$

$s.t.$ Φ_2 是激励相容的且 $W(\Phi_2) = W_t$。

假设契约开始（$t = 0$）时，企业有初始资产 K_0，而成熟型委托人支付给代理人的初始报酬是 W_0^2。由于 W_0^2 是委托人和代理人的相对议价能力决定，因此委托人的时间偏好会对初始报酬产生影响。此外，基于公司技术的规模不变性，可以把二维问题转化为关于单变量 $w = \dfrac{W}{K}$ 的一维问题，

因此令 $P_2(K,W) = p_2(w)K$ 和 $I_2 = i_2(w)K$ 。

与时间一致性偏好的委托人类似，当成熟型委托人支付给代理人的报酬等于代理人从外部投资机会获取的报酬时，必须立即终止契约；否则代理人可能会为了私人利益去消费，故有：

$$p_2(0) = l \tag{5.26}$$

存在一个代理人的最优薪酬支付边界 $\bar{w}_2$ ，当 $w_t > \bar{w}_2$ 时有 $du_t^2 = \max\{w_t - \bar{w}_2, 0\}$ 。因此 $p_2(w_t) = p_2(\bar{w}_2) - (w_t - \bar{w}_2)$ 且 $\bar{w}_2$ 是代理人获取的最小现金报酬，故有：

$$p'_2(\bar{w}_2) = -1 \tag{5.27}$$

另外，由于 $\bar{w}_2$ 是代理人获得报酬的最优边界，因此也有“超级粘贴”条件：

$$p''_2(\bar{w}_2) = 0 \tag{5.28}$$

当 $w_t \in [0, \bar{w}_2]$ ，代理人的报酬被延期支付，值得注意的是 $du_t^2 = 0$ 和 $\beta_t = \lambda$ ，因此由式（5.24）可得到 w_t 的变化过程满足方程：

$$dw_t = (\gamma - (i_2(w) - \delta))w_t dt + \lambda\sigma dZ_t \tag{5.29}$$

式（5.29）表示最优契约中代理人的持续报酬的动态过程。当企业受到正的生产冲击时，承诺的初始报酬 w_0^2 一直增长到 $\bar{w}_2$ ，此时代理人获得现金报酬；当企业受到负的生产冲击时，承诺的初始报酬 w_0^2 降低，直到降低为 0 时契约终止。

当 $W \in [0, \bar{W}_2]$（$\bar{W}_2$ 表示代理人的最优薪酬支付边界）时，由动态规划方法得到成熟型委托人的值函数的 Hamilton - Jacobi - Bellman（HJB）方程：

$$\begin{aligned} rP_2(K,W) = & \sup_{I_2}(\mu K - (I_2 + G(I_2,K))) + (I_2 - \delta K)(_{P2}(K,W) + [\gamma W \\ & - (I_2 - \delta K)](P_2)_W(K,W) + \frac{1}{2}\lambda^2\sigma^2K^2(P_2)_{WW}(K,W) \\ & + \zeta[\rho H_2(K,W) - P_2(K,W)] \end{aligned} \tag{5.30}$$

式（5.30）中，函数 $H_2(K,W)$ 为：

$$rH_2(K,W) = (\mu K - (I_2 + G(I_2,K))) + (I_2 - \delta K)(H_2)_K(K,W) + [\gamma W$$

$$- (I_2 - \delta K)](H_2)_W(K,W) + \frac{1}{2}\lambda^2\sigma^2K^2(H_2)_{WW}(K,W) \tag{5.31}$$

函数 $H_2(K,W)$ 被定义为成熟型委托人的连续值函数。由于当前自我和所有的未来自我都选择投资策略 I_2 ，因此成熟型委托人用函数 $H_2(K,W)$ 来调节自我的内在平衡。由于当前自我在时间区间 $[t_n,t_{n+1})$ 的投资策略是 I_2 ，且退出企业管理的概率为 ζ ，因此当前自我退出管理企业时值函数的改变量为 $\rho H_2(K,W) - P_2(K,W)$ 。式（5.31）表示成熟型委托人的当前自我希望所有未来的委托人在制定决策时都采用拟双曲贴现函数，从而所有未来的委托人都使用最优投资策略 I_2 。因此式（5.31）等式右边最后一项表示因成熟型委托人的时间不一致性偏好改变，使成熟型委托人值函数的平均改变量为 $\zeta[\rho H_2(K,W) - P_2(K,W)]$ 。

令 $H_2(K,W) = h_2(w)K$ ，则成熟型委托人的比例值函数 $p_2(w)$ 的常微分方程为：

$$rp_2(w) = \sup_{i_2(w)}\left(\mu - i_2(w) - \frac{\theta(i_2(w))^2}{2}\right) + (i_2(w) - \delta)p_2(w) + (\gamma - (i_2(w) - \delta))wp'_2(w) + \frac{1}{2}\lambda^2\sigma^2p''_2(w) + \zeta[\rho h_2(w) - p_2(w)] \tag{5.32}$$

式（5.32）中，函数 $h_2(w)$ 为：

$$rh_2(w) = \left(\mu - i_2(w) - \frac{\theta(i_2(w))^2}{2}\right) + (i_2(w) - \delta)h_2(w) + [\gamma - (i_2(w) - \delta)]wh'_2(w) + \frac{1}{2}\lambda^2\sigma^2h''_2(w) \tag{5.33}$$

同时函数 $h_2(w)$ 也满足边界条件 $h_2(0) = l$ 和 $h'_2(\bar{w}_2) = -1$ 。

对式（5.33）求 $i_2(w)$ 的导数得：

$$\left(i_2(w) + \frac{\theta}{2}(i_2(w))^2\right)' = p_2(w) - wp'_2(w) \tag{5.34}$$

式（5.34）表明投资的边际成本等于委托人预期的投资边际值。

5.5.3　数值分析

本节参数取值同表 5.1。通过比较时间不一致性偏好模型与时间一致性偏好模型（即 DFHW 模型），分析委托人的时间不一致性偏好与均值 q、边际 q、代理人的初始薪酬、最优薪酬支付边界、委托人值函数、企业投资之间的关系。

（1）均值 q 和边际 q。现在分析委托人的时间不一致性偏好对均值 q 和边际 q 的影响。公司总价值由委托人值函数和代理人的持续报酬构成。因此，在仅委托人具有时间不一致性偏好模型中公司总价值为 $P_2(K,W)+W$。均值 q 是公司总价值与资本存量的比值，因此在 DFHW 模型中均值 q 用 $q_a^{DFHW}(w)$ 表示，在时间不一致性偏好模型中均值 q 表示为 $q_{a_2}(w)=p_2(w)+w$。边际 q 测度单位资本增加对公司总价值的影响，表示资产的边际价值。在 DFHW 模型中边际 q 用 $q_m^{DFHW}(w)$ 表示，在时间不一致性偏好模型中边际 q 表示为 $q_{m_2}(w)=p_2(w)-wp'_2(w)$。

图 5.4 描绘了均值 q 和边际 q 在时间不一致性模型中的值低于 DFHW 模型中的值。图 5.4 的子图 A 中，均值 q 在时间不一致性偏好模型和 DFHW 模型之间存在较大差异，这种差异表明，委托人的时间不一致性偏好对公司总价值产生的损失。由于边际 q 可测度未来的投资机会，因此从图 5.4 的子图 B 可知，委托人的时间不一致性偏好导致公司投资机会被低估。这表明公司总价值的损失程度和投资机会被低估程度随时间不一致性偏好程度增加而增加。

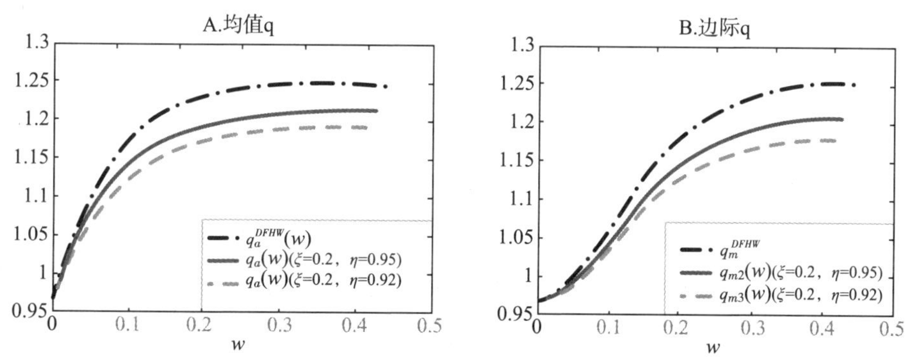

图 5.4　均值 q 和边际 q

另外，在 DFHW 模型和时间不一致性偏好模型中，均值 q 和边际 q 之间的差异与代理人的持续报酬 w 显著正相关。当代理人的持续报酬 w 较低时，委托人的时间不一致性偏好对均值 q 和边际 q 的影响较小；当代理人的持续报酬 w 较高时，委托人的时间不一致性偏好对均值 q 和边际 q 的影响较大。

（2）委托人的比例值函数和企业投资。现在分析委托人的时间不一致性偏好对代理人的初始报酬、最优薪酬支付边界、委托人的比例值函数和企业投资产生的影响。从图 5.5 的子图 A 可知，三种情况下代理人的初始薪酬分别为 $w_0 = 0.115$ 、$w_0^p(\xi = 0.2, \eta = 0.95) = 0.097$ 、$w_0^p(\xi = 0.2, \eta = 0.92) = 0.091$ 。表明代理人的初始薪酬在时间不一致性偏好模型中的值比在 DFHW 模型中的值低，且代理人的初始薪酬随委托人时间不一致性偏好程度的增加而减少。直觉上，委托人的时间不一致性偏好程度越严重，委托人就越注重短期利益而忽视长远利益，从而支付更少的初始薪酬给代理人。

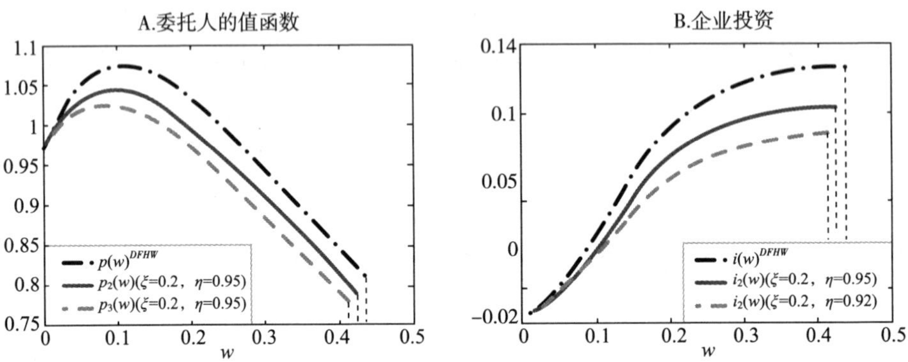

图 5.5　委托人的比例值函数和企业投资

从图 5.5 的子图 A 可知，在三种情况下代理人的最优薪酬支付边界分别为 $\bar{w}^{DFHW} = 0.436$ 、$\bar{w}_2(\xi = 0.2, \eta = 0.95) = 0.424$ 、$\bar{w}_2(\xi = 0.2, \eta = 0.92) = 0.412$ 。这表明代理人的最优薪酬支付边界在时间不一致性偏好模型中的值比在 DFHW 模型中的值低。同时委托人的时间不一致性偏好程度越大，则代理人的最优薪酬支付边界越低，即代理人可以较早的获得现金薪酬。由于委托人在时间不一致性偏好模型中比在 DFHW 模型中更注重眼前利益，因此成熟型委托人的最优选择是通过提前支付薪酬的方式降低代理人在公司中持股比例的份额。

由图 5.5 的子图 B 可知：

$$q_m^{DFHW}(w) > q_{m_2}(w)(\xi = 0.2, \eta = 0.95) > q_{m_2}(w)(\xi = 0.2, \eta = 0.92) \tag{5.35}$$

因此得：

$$i^{DFHW}(w) > i_2(w)(\xi = 0.2, \eta = 0.95) > i_2(w)(\xi = 0.2, \eta = 0.92) \tag{5.36}$$

式（5.36）表明，与 DFHW 模型相比，委托人的时间不一致性偏好使企业投资减少；委托人的时间不一致性偏好程度越大，则企业投资越低。同时，从图 5.5 的子图 B 可知，企业投资在 DFHW 模型和时间不一致性偏好模型之间的差异表明委托人的时间不一致性偏好导致投资不足的程度。委托人的时间不一致性偏好程度越大，投资不足的程度越严重。这表明企业投资不足的一个重要因素是委托人的时间不一致性偏好。此外，时间不一致性偏好模型中企业投资不足程度随代理人的连续薪酬 w 递增。企业投资水平与连续薪酬 w 显著正相关，但是委托人的时间不一致性偏好削弱了这种相关性。

由图 5.5 的子图 A 可知，委托人的比例值函数在时间不一致性偏好模型和 DFHW 模型之间的差异反映了时间不一致性偏好对委托人收益产生的损失。这是由于时间不一致性偏好模型中企业投资降低，导致成熟型委托人获取的收益减少。

特别地，当代理人的连续薪酬小于初始薪酬时，委托人的时间不一致性偏好对企业投资和委托人的比例值函数产生的影响较低。直觉上，当代理人的连续薪酬逐渐降低到 0 时，契约终止的概率增大且企业受到负的生产冲击，因此委托人的时间不一致性偏好表现不明显甚至退化为时间一致性偏好，导致时间不一致性偏好对企业投资和委托人值函数的影响不显著。

上述研究结果表明，委托人的时间不一致性偏好对均值 q、边际 q、最优薪酬支付边界、企业投资和委托人值函数都会产生较大的影响。以 DF-HW 模型为基准，在时间不一致性偏好模型中，随着委托人的时间不一致性偏好程度增加，均值 q、边际 q、企业投资及委托人值函数都降低。由于委托人的时间不一致性偏好程度越严重，就越着重眼前利益而忽视企业发展的长远利益，导致代理人的初始薪酬和最优薪酬支付边界降低，最终出现企业投资不足和委托人收益损失现象。

5.6 代理人和委托人都有时间不一致性偏好

5.6.1 建立最优契约

现在假设代理人和委托人都有时间不一致性偏好，最优契约用 Φ_3 表示。在契约 Φ_3 中，当 $t=0$ 时代理人选择一个行为过程 $\{\alpha_t\in[0,1]:0\leqslant t<\tau\}$，则具有时间不一致性偏好代理人的总期望薪酬为：

$$W_0(\Phi_3)=\max_{\{\alpha_t\in[0,1];0\leqslant t<\tau\}}\mathbb{E}^{\alpha}\Big[\int_0^{\tau}D_0^1(0,t)(\mathrm{d}U_t+\lambda(1-\alpha_t)\mu K_t\mathrm{d}t)\Big]\tag{5.37}$$

式（5.37）中，$\mathbb{E}^{\alpha}(\cdot)$ 是由行为过程引起的概率测度下的期望算子。式（5.37）右边第一项表示委托人支付给代理人的薪酬，第二项表示代理人的行为在 $\alpha_t<1$ 时获取的潜在私人利益，代理人的目标是使这两项总和的现值最大化。

5.6.2 模型求解

给出一个激励兼容契约 Φ_3 和时间 t，则时间不一致性偏好的代理人未来薪酬的预期现值为：

$$W_t(\Phi_3)=\mathbb{E}_t\Big[\int_t^{\tau}D_n^1(t,s)\mathrm{d}U_s\Big]\tag{5.38}$$

把 W_t 视为代理人在 t 时刻的连续薪酬。

代理人在 t 时刻的薪酬增加量由两个部分组成：现金薪酬 $\mathrm{d}U_t$ 和委托人

承诺在未来支付给代理人薪酬改变量 dW_t 。为了补偿代理人的时间偏好，代理人在 t 时刻的薪酬增量的均值必须等于代理人获得现金报酬 $\gamma W_t dt$ ，因此有：

$$\mathbb{E}_t(dW_t + dU_t) = \gamma W_t dt \tag{5.39}$$

式（5.39）反映了代理人的平均薪酬。

在激励兼容性契约中，代理人的持续薪酬变化过程满足：

$$dW_t + dU_t = \gamma W_t dt + \beta_t K_t(dA_t - \mu dt) + (\rho - 1) W_t(dN_t - \zeta dt) \tag{5.40}$$

式（5.40）等式右边第二项是为了保持契约的激励兼容性。代理人薪酬必须与公司产出增加量 $K_t dA_t$ 保持较大敏感性，其中 $\beta_t(0 \leqslant t < \tau)$ 被称为激励系数。第三项表示代理人的时间不一致性偏好对连续薪酬的影响。由于代理人每个自我的任职时间长度是强度为 ζ 的泊松分布，则在激励兼容契约中，代理人连续薪酬的变化过程为：

$$dW_t + dU_t = \gamma W_t dt + \beta_t K_t(dA_t - \mu dt) + (\rho - 1) W_t(dN_t - \zeta dt) \tag{5.41}$$

这里仅讨论时间不一致性偏好的委托人是成熟型的情况，且所有未来的成熟型委托人都有相同的投资策略。给出一个激励兼容的契约 Φ_3 和时间 t ，成熟型委托人值函数的现值为：

$$P_3(K_t, W_t) = \max_{\Phi_3} \mathbb{E}^{\alpha}\left[\int_t^{\tau} D_n^2(t,s)(dY_s - dU_s) + D_n^2(t,\tau) l K_{\tau}\right] \tag{5.42}$$

$s.t.$ Φ_3 是激励相容的且 $W(\Phi_3) = W_t$ 。

假设契约开始（ $t = 0$ ）时，企业有初始资产 K_0 ，而成熟型委托人支付给代理人的初始报酬是 W_0^3 ，其中 W_0^3 由委托人和代理人的相对议价能力决定，因此委托人和代理人的时间不一致性偏好对初始报酬都会产生影响。基于公司技术的规模不变性，可将二维问题降低为关于 $w = \dfrac{W}{K}$ 的一维问题，令 $P_3(K, W) = p_3(w)K$ 和 $I_3 = i_3(w)K$ 。

在代理人和委托人都有时间不一致性偏好的情况下，当委托人支付给代理人的报酬等于代理人从外部投资机会中获取的报酬时，必须立即终止契约；否则代理人可能会为了私人利益去消费，故有：

$$p_3(0) = l \tag{5.43}$$

存在一个最优薪酬支付边界 $\bar{w}_3$，当 $w_t > \bar{w}_3$ 时，有 $\mathrm{d}u_t^3 = \max\{w_t - \bar{w}_3, 0\}$。因此 $p_3(w_t) = p_3(\bar{w}_3) - (w_t - \bar{w}_3)$ 且 $\bar{w}_3$ 是代理人获得现金报酬的最优边界，故有：

$$p'_3(\bar{w}_3) = -1 \tag{5.44}$$

另外，由于 $\bar{w}_3$ 是代理人获得报酬的最优边界，因此也有“超级粘贴”条件：

$$p''_3(\bar{w}_3) = 0 \tag{5.45}$$

当 $w_t \in [0, \bar{w}_3]$，代理人的报酬被延期支付，值得注意的是 $\mathrm{d}u_t^3 = 0$ 和 $\beta_t = \lambda$，则由式（5.41）得 w_t 的变化过程为：

$$\begin{aligned} \mathrm{d}w_t &= (\gamma - (i_3 - \delta))w_t\mathrm{d}t + \lambda\sigma\mathrm{d}Z_t + (\rho - 1)w_t(\mathrm{d}N_t - \zeta\mathrm{d}t) \\ &= (\gamma - (i_3 - \delta) + (1 - \rho)\zeta)w_t\mathrm{d}t + \lambda\sigma\mathrm{d}Z_t + (\rho - 1)w\mathrm{d}N_t \end{aligned} \tag{5.46}$$

式（5.46）表示最优契约中代理人的持续报酬的动态过程。根据代理人和委托人的议价能力，契约开始时委托人承诺的代理人的初始报酬为 w_0^3，这个承诺以利率（$\gamma -$（$i_3 - \delta$）+（$1 - \rho$）ζ）平均增长。当企业受到正的生产冲击时，承诺的初始报酬 w_0^3 一直增长到 $\bar{w}_3$，此时代理人获得现金报酬；当企业受到负的生产冲击时，承诺的初始报酬 w_0^3 降低，直到降低为 0 时契约终止。

当 W $[0, \bar{W}_2]$ $\in$（$\bar{w}_2$ 表示代理人的最优薪酬支付边界）时，由动态规划方法得到成熟型委托人的比例值函数 p_3（w）的常微分方程为：

$$\begin{aligned} rp_3(w) = &\sup_{i_3(w)}(\mu - i_3(w)) - \frac{\theta(i_3(w))^2}{2} + (i_3(W) - \delta)p_3(w) \\ &+ \frac{1}{2}\lambda^2\sigma^2 p''_3(w) + \zeta[p_3(\rho w) - p_3(w)] + [\gamma - (i_3(w) - \delta) \\ &+ \zeta(1 - \rho)]wp'_3(w) + \zeta[\eta h_3(w) - p_3(w)] \end{aligned} \tag{5.47}$$

式（5.47）中，函数 h_3（w）为：

$$rh_3(w) = \left(\mu - i_3(w) - \frac{\theta(i_3(w))^2}{2}\right) + (i_3(w) - \delta)h_3(w) + [\gamma - (i_3(w)$$

$$-\delta)+\zeta(1-\rho)]wh'_3(w)+\frac{1}{2}\lambda^2\sigma^2h''_3(w)$$

$$+\zeta(h_3(\rho w)-h_3(w)) \tag{5.48}$$

函数 h_3（w）被定义为在代理人具有时间不一致性偏好情况下成熟型委托人的连续值函数，且满足边界条件 h_3（0）$=l$ 和 h'_3（$\bar{w}_3$）$=-1$。由于当前自我和所有的未来自我都选择投资策略 I_3，因此成熟型委托人用函数 h_3（w）调节自我的内在平衡。因此式（5.48）等式右边最后一项表示因成熟型委托人的时间不一致性偏好改变，使成熟型委托人值函数的平均改变量为 ζ [ρh_3（w）$-p_3$（w）]。

对式（5.54）求 i_3（w）的导数得：

$$(i_3(w)+\frac{\theta}{2}(i_3(w))^2)''=p_3(w)-wp'_3(w) \tag{5.49}$$

式（5.49）表明，投资的边际成本等于委托人预期的投资边际值。

5.6.3　数值分析

参数取值见表 5.1。下面讨论四种情况：时间一致性模型（DFHW 模型）、仅代理人有时间不一致性偏好、仅委托人有时间不一致性偏好、代理人和委托人都有时间不一致性偏好。其中代理人的时间不一致性偏好的参数取值为 $\zeta=2$、$\rho=0.9$，委托人的时间不一致性偏好的参数取值为 $\zeta=0.2$、$\eta=0.95$。本章主要通过这四种情况比较分析时间不一致性偏好对均值 q、边际 q、企业投资、最优薪酬支付边界、委托人值函数产生的影响。

（1）均值 q 和边际 q。现在比较分析四种情况下的均值 q 和边际 q。代理人和委托人都有时间不一致性偏好时均值 q 表示为 q_{m_3}（w）$=p_3$（w）$+w$，边际 q 表示为 q_{m_3}（w）$=p_3$（w）$-wp'_3$（w）。

在图 5.6 的子图 A 中：由 $q_a^{DFHW}>q_{a_1}$ 和 $q_{a_2}>q_{a_3}$ 可知，无论委托人的时间偏好是否一致，代理人的时间不一致性偏好都会降低均值 q；由 $q_a^{DFHW}>q_{a_2}$ 和 $q_{a_1}>q_{a_3}$ 可知，无论代理人的时间偏好是否一致，委托人的时间不一致性偏好都会降低均值 q。同理，从图 5.6 的子图 B 可知，代理人和委托人的时间偏好不一致性都会降低边际 q。

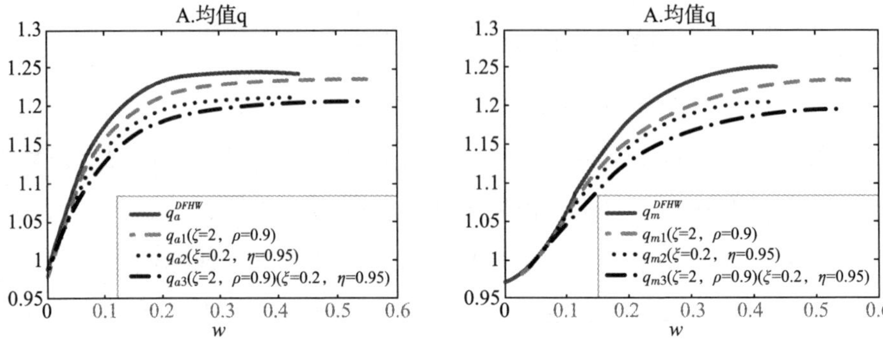

图 5.6 均值 q 和边际 q

（2）委托人值函数和企业投资。现在分析时间不一致性偏好对委托人的比例值函数、企业投资、最优薪酬支付边界的影响。从表 5.3 中①和②、③和④比较可知，代理人的时间不一致性偏好使最优薪酬支付边界提高。这表明，无论委托人的时间偏好是否一致，对委托人而言，代理人的时间不一致性偏好使委托人面对更多的不确定性风险。因此，为了使代理人和委托人一起分担企业的不确定性风险，委托人的最优选择是延迟支付代理人薪酬，以增加代理人在公司的持股比例。

表 5.3 时间偏好不一致性在最优薪酬支付边界处的影响

模型	$\bar{w}$	$p(\bar{w})$	$i(\bar{w})$
①DFHW 模型	0.436	0.808	0.126
②仅代理人有时间不一致性偏好	0.552	0.685	0.118
③仅委托人有时间不一致性偏好	0.424	0.788	0.103
④决策者都有时间不一致性偏好	0.537	0.669	0.099

从表 5.3 中①和③、②和④比较可知，委托人的时间不一致性偏好使最优薪酬支付边界降低。这表明，无论代理人的时间偏好是否一致，因委托人的时间偏好不一致性使委托人只注重眼前利益而忽视长远利益，故提前支付薪酬给代理人，从而降低代理人在公司的持股比例。

同样地，由表 5.3 可知，代理人的时间不一致性偏好使最优薪酬支付边界提高。这表明，无论委托人的时间偏好是否一致，因代理人的时间偏好不一致性使其只注重眼前利益而忽视长远利益，导致委托人延迟支付薪酬给代理人。也就是说，代理人的时间偏好不一致性会提高自己在公司的持股比例。

由图 5.6 可知：

$$q_n^{DFHW} > q_{m_1} > q_{m_2} > q_{m_3} \tag{5.50}$$

因此得到：

$$i(w)^{DFHW} > i_1(w) > i_2(w) > i_3(w) \tag{5.51}$$

式（5.51）和图 5.7 的子图 B 都表明，决策者的时间偏好不一致性使企业投资减少。企业投资水平与连续薪酬 w 显著正相关，但是决策者的时间不一致性偏好削弱了这种相关性。这表明企业投资不足的一个重要因素是决策者的时间偏好不一致性。

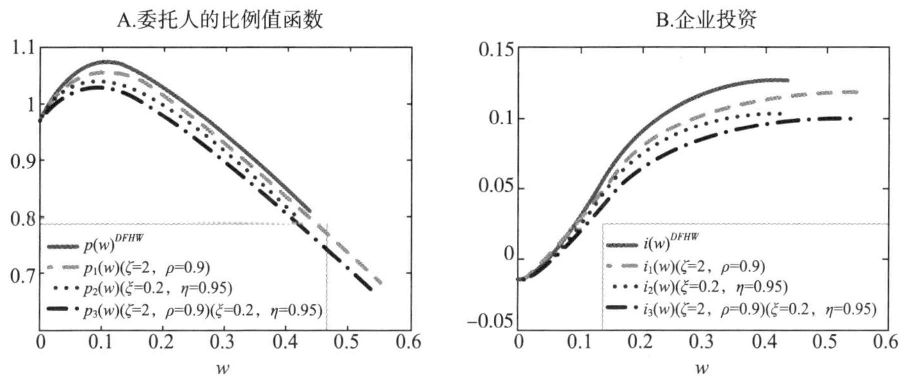

图 5.7　委托人的比例值函数和企业投资

由图 5.7 的子图 A 可知，决策者的时间不一致性偏好较大程度地降低了委托人的比例值函数。这是由于时间不一致性偏好使企业投资降低，导致委托人收益减少。特别地，当代理人的连续薪酬小于初始薪酬时，时间不一致性偏好对企业投资和委托人的比例值函数产生的影响较低。直觉上，当代理人的连续薪酬逐渐降低到 0 时，契约终止概率增大且企业受到负的生产冲击。因此决策者的时间不一致性偏好表现不明显，甚至退化为时间一致性偏好，导致时间偏好不一致性对企业投资和比例值函数的影响不显著。

上述研究结果表明：委托人和代理人的时间不一致性偏好都会使企业的均值 q、边际 q、投资和委托人收益降低；代理人的时间不一致性偏好使最优薪酬支付边界提高，而委托人的时间不一致性偏好使最优薪酬支付边界降低。

5.7 算例分析

假设 A 公司的委托人聘请代理人管理一个初始资本为 1000 万元的项目。下面根据本章模型详细分析最优薪酬支付策略和投资策略。主要讨论 DFHW 模型以及代理人和委托人都有时间不一致性偏好的模型。

（1）薪酬支付策略：A 公司的最优薪金支付边界在 DFHW 模型和时间不一致性模型中分别为 436 万元和 537 万元。在合同开始时，委托人需要支付给代理人的最优初始报酬分别为 115 万元和 92 万元。当代理人的连续薪酬为 300 万元时，在 DFHW 模型和时间不一致性模型中均未到达最优薪金支付边界，因此不支付薪金给代理人。（2）投资策略：当代理人的连续薪酬为 300 万元时，在 DFHW 模型和时间不一致性模型中最优投资额分别为 118 万元和 84 万元。此时，委托人的利润分别为 942 万元和 892 万元。这表明，决策者时间不一致性偏好对他们各自的利益都会产生显著影响。

5.8 本章小结

本章在 DFHW 模型的基础上，进一步考虑决策者（代理人和委托人）具有时间不一致性偏好的最优动态投资和契约问题。本章分别讨论了三种情况：仅代理人具有时间不一致性偏好、仅委托人具有时间不一致性偏好、委托人和代理人都有时间不一致性偏好。研究结果发现代理人的时间不一致性偏好对均值 q、边际 q、最优薪酬支付边界、企业投资和委托人的比例值函数都会产生较大影响。

本章将三种情况下的模型与 DFHW 模型相比，研究结果显示：当企业财务约束越宽松时，随着时间不一致性偏好程度越高，均值 q、边际 q、委托人的值函数和企业投资越低；而当企业财务约束越紧张时，时间不一致性偏好程度对委托人的值函数和企业投资的影响越小。此外，代理人的时间不一致性偏好使最优薪酬支付边界提高，而委托人的时间不一致性偏好使最优薪酬支付边界降低。

本章的研究从决策者的时间不一致性偏好的角度，诠释了企业投资不足和委托人收益损失现象。从理论上进一步说明在研究最优契约和投资问题时，不仅要考虑代理问题的严重程度、委托人的时间不一致性偏好、产出波动率等因素，还要考虑代理人的时间不一致性偏好。

第6章

结论与展望

6.1 结论

在实际生活中，人们在做选择时，总是宁愿选择相对较少的即时收入，而不愿意选择等待日后获得相对较多的远期收入。例如，如果让人们选择是今天获得1000元还是再等一个月后获得1100元，则很多人会选择今天获得1000元；如果让人们选择是今天获得1000元还是明天获得1100元，则很多人会选择明天获得1100元。这种现象在行为金融学上被称为“双曲贴现”的非理性行为。事实上，这种非理性的选择现象在生活中比较常见。对于企业的代理人明明知道要认真工作一段时间后才能获得良好业绩，但是为了追求短期业绩，一些代理人依然把“短平快”（投资少、周期短、见效快、效益高）的投资项目视为首选，全然不顾企业发展的长远利益。这种“双曲贴现”也被称为“个人偏好”。因此，研究代理人的时间不一致性偏好在不确定条件下对企业的资产定价、最优投资决策等问题产生的影响，具有非常重要的实际意义。

本书把代理人的时间不一致性偏好与实物期权、动态规划等理论相结合，采用拟双曲贴现函数描绘代理人的时间偏好不一致性过程，研究公司的最优投资决策、最优股利支付决策、最优契约等问题。并从代理人时间不一致性偏好的角度解释了企业价值损失和投资不足的现象。本书研究的主要结论有三个方面：

第一，无论公司选择清算还是外部融资，与时间一致性偏好的代理人相比，时间不一致性偏好的代理人倾向于更早地支付现金给股东、再融资时融资量更少；在高现金区域投资更少，而在低现金区域从事更少的资产出售；与清算情况相比，当选择外部融资时，代理人的时间不一致性偏好在低现金区域对公司投资影响更大。这是因为资产出售需要较高成本，且时间不一致性偏好的代理人能通过外部融资筹集资金，因此时间不一致性偏好的代理人从事更少的资产出售。这表明，公司投资、股利支付、融资和风险管理政策都会受到代理人的时间不一致性偏好影响。

第二，在良好的市场环境（状态 G）或金融危机（状态 B）中，代理人的时间不一致性偏好对股权融资边界、股利支付和融资量的影响。研究结果表明，与状态 B 相比，时间不一致性偏好的代理人在状态 G 中更担心好的市场时机消失，因此他（她）更早地发行股票和支付股利、甚至再融资时选择的融资量更少。然而，在状态 B 中，时间不一致性偏好的代理人对公司的未来更悲观，因此他（她）选择发行更少的股票数量和更早地执行股利支付。研究还表明代理人的时间不一致性偏好在状态 G 中比在状态 B 中的影响更大。

第三，代理人的时间不一致性偏好对委托人值函数、企业投资、最优薪酬支付边界都有较大影响。当企业财务约束越宽松时，随着代理人的时间不一致性偏好程度越高，委托人值函数和企业投资越低；当企业财务约束越紧张且趋于清算边界时，代理人的时间不一致性偏好程度对委托人值函数和企业投资的影响越小。此外，随着代理人的时间不一致性偏好程度的增加，最优薪酬支付边界也相应增加，但获得报酬的时间越迟。这些研究结果表明，在研究委托—代理问题时，不仅要考虑企业清算值、产出波动率和代理问题的严重程度等因素，还要考虑决策者的时间不一致性偏好。

6.2 展望

本书主要研究了代理人的时间不一致性偏好和最优动态投资决策问题。目前，时间不一致性偏好的相关领域吸引了很多著名学者，虽然本书已经做了一些深入的研究，但是由于该领域的广泛性和本书的篇幅限制，仍然存在较多问题尚未解决。未来进一步深入研究的内容主要有下面几个方面：

第一，深入市场环境的研究。在实际中，很多因素会影响企业投资决策，例如制度、法律、经济周期、信息不对称、市场不完备性等。因此，很有必要在这些复杂的市场环境中深入研究时间不一致性偏好的变化对企业投资决策的影响。

第二，放松约束条件。本书为了简化和保持模型的易操作性，强化了一些经济学假设，例如固定利率、规模报酬不变等。事实上，这些假设与实际情况不符合。因此，可以考虑放松某些约束条件，例如把固定利率推广为随机利率、把企业的经济规模报酬不变推广为规模报酬随着时间而发生改变。

第三，实证研究。本书的研究偏向于基础理论研究。虽然很多研究结果与国际上相关文献的实证研究结果一致，但是本书的结果与国内经济情况是否一致还有待进一步研究。

第四，放松对生产率的假设条件。考虑当公司面临一个随机生产率时，决策者的时间不一致性偏好对企业决策产生的影响。随机生产率是指企业利润率除了是一个布朗运动外，还可能是一个泊松过程。

参考文献

［1］刘力．行为金融理论对效率市场假说的挑战［J］．经济科学，1999，3：63－71.

［2］毛新述，王斌，林长泉等．信息发布者与资本市场效率［J］．经济研究，2013，（10）：69－81.

［3］林孝贵．基于收益与风险比率的期货套期保值策略［J］．系统工程，2004，22（1）：74－77.

［4］林毅夫，李永军．中小金融机构发展与中小企业融资［J］．经济研究，2001，（10）：10－18.

［5］李通屏．家庭发展，企业运行与市场中的政府［J］．社会科学，2015，9：63－71.

［6］袁宁．非流动性市场中的跨期最优消费和投资策略［J］．中国管理科学，2009，17（4）：39－45.

［7］程凤朝，刘旭，温馨．上市公司并购重组标的资产价值评估与交易定价关系研究［J］．会计研究，2013，8：40－46.

［8］余迪．新形势下银行信贷风险管理问题的研究［J］．金融经济，2012，9：58－60.

［9］杨屹，扈文秀，杨乃定．实物期权定价理论综述及未来研究领域展望［J］．数量经济技术经济研究，2004，（12）：147－151.

［10］黄守军，杨俊，陈其安．基于BS权定价模型的V2G备用合约协调机制研究［J］．中国管理科学，2016，24（10）：10－21.

［11］胡援成．中国企业资本结构与企业价值研究［J］．金融研究，2002，（3）：110－122.

[12] 杨金强，杨招军. 部分信息下实物期权的定价和风险对冲 [J]. 中国管理科学，2011，19 (4)：1-9.

[13] 王雪荣，李晴蕙. 基于实物期权的电信牌照类无形资产价值分析 [J]. 中国管理科学，2016，24 (12)：47-53.

[14] 约翰·伊特韦尔. 新帕尔格雷夫经济学大辞典（第四卷）[M]. 北京：经济科学出版社，1996.

[15] Markowitz H M. Portfolio Selection [J]. *Journal of Finance*, 1952, 7 (1): 77-91.

[16] Modigliani F, Miller M. The Cost of Capital, Corporation Finance, and the Theory of Investment [J]. *American Economic Review*, 1958, 48 (3): 261-297.

[17] Sharpe W. Capital Asset Prices: A Theory of Market Equilibrium Under Conditions of Risk [J]. *Journal of Finance*, 1964, 19 (3): 425-442.

[18] Lintner J. The Valuation of Risk Assets and the Selection of Risky Investments in Stock Portfolios and Capital Budgets [J]. *Review of Economics and Statistics*, 1965, 47 (1): 13-37.

[19] Mossin J. Equilibrium in a Capital Asset Market [J]. *Econometrica*, 1966, 34 (4): 768-783.

[20] Fama E F. The Behavior of Stock Prices [J]. *Journal of Business*, 1965, 37: 34-105.

[21] Black F, Scholes M. The Pricing of Options and Corporate Liabilities [J]. *The Journal of Political Economy*, 1973, 81 (3): 637-654.

[22] Merton R C. The Theory of Rational Option Pricing [J]. *Bell Journal of Economics and Management Science*, 1973, 4: 141-183.

[23] Ross S A. The Arbitrage Theory of Capital Asset Pricing [J]. *Journal of Economic Theory*, 1976, 13 (3): 341-360.

[24] Corsetti G, Pesenti P, Roubini N. What Caused the Asian Currency and Financial Crisis [J]. *Japan & the World Economy*, 1999, 11 (3): 305-373.

[25] Ivashina V, Scharfstein D. Bank Lending During the Financial Crisis

of 2008 [J]. *Journal of Financial Economics*, 2010, 97 (3): 319 - 338.

[26] Chodorow R G. The Employment Effects of Credit Market Disruptions: Firm - level Evidence from the 2008 - 2009 Financial Crisis [J]. *The Quarterly Journal of Economics*, 2014, 129 (1): 1 - 59.

[27] Campello M, Graham J R, Harvey C R. The Real Effects of Financial Constraints: Evidence from a Financial Crisis [J]. *Journal of Financial Economics*, 2010, 97 (3): 470 - 487.

[28] Myers S. C. Determinants of Corporate Borrowing [J]. *Journal of Financial Economics*, 1977, 5 (2): 147 - 175.

[29] Cucchiella F, Gastaldi M. Risk Management in Supply Chain: A Real Option Approach [J]. *Journal of Manufacturing Technology Management*, 2006, 17 (6): 700 - 720.

[30] Kang S B, Létourneau P. Investors' Reaction to the Government Credibility Problem: A Real Option Analysis of Emission Permit Policy Risk [J]. *Energy Economics*, 2016, 54 (6): 96 - 107.

[31] Luehrman T A. Investment Opportunities As Real Options: Getting Started on the Numbers [J]. *Harvard Business Review*, 1998, 76 (4): 51 - 60.

[32] Luehrman T A. Strategy as a Portfolio of Real Options [J]. *Harvard Business Review*, 1998, 76 (5): 89 - 101.

[33] Trigeorgis L, Reuer J J. Real Options Theory in Strategic Management [J]. *Strategic Management Journal*, 2017, 38 (1): 42 - 63.

[34] Weisbrod B A. Collective - consumption Services of Individual - Consumption Goods [J]. *Quarterly Journal of Economics*, 1964, 78 (3): 471 - 477.

[35] Arrow K J, Fisher A C. *Environmental Preservation, Uncertainty, and Irreversibility* [M]. Classic Papers in Natural Resource Economics, Palgrave Macmillan UK, 1974.

[36] Henry C. Investment Decisions Under Uncertainty: The "Irreversibility Effect" [J]. *American Economic Review*, 1974, 64 (6): 1006 - 1012.

[37] Klingebiel R, Adner R. Real Options Logic Revisited: The Perform-

ance Effects of Alternative Resource Allocation Regimes [J]. *Academy of Management Journal*, 2015, 58 (1): 221 -241.

[38] Gordon L A, Loeb M P, et al. The Impact of Information Sharing on Cybersecurity Underinvestment: A real Options Perspective [J]. *Journal of Accounting and Public Policy*, 2015, 34 (5): 509 -519.

[39] Damaraju N L, Barney J B, Makhija A K. Real Options in Divestment Alternatives [J]. *Strategic Management Journal*, 2015, 36 (5): 728 -744.

[40] Décamps J P, Gryglewicz S, Morellec E, et al. Corporate Policies with Permanent and Transitory Shocks [J]. *Review of Financial Studies*, 2017, 30 (1): 162 -210.

[41] He Z, Milbradt K. Dynamic Debt Maturity [J]. *Review of Financial Studies*, 2016, 29 (10): 2677 -2736.

[42] Trigeorgis L, Reuer J J. Real Options Theory in Strategic Management [J]. *Strategic Management Journal*, 2017, 38 (1): 42 -63.

[43] Mello A S, Parsons J E. Measuring the Agency Cost of Debt [J]. *Journal of Finance*, 1992, 47 (5): 1887 -1904.

[44] Leland H E. Agency Costs, Risk Management, and Capital Structure [J]. *Journal of Finance*, 1998, 53 (4): 1213 -1243.

[45] Samuelson P A. A Note on Measurement of Utility [J]. *Review of Economic Studies*, 1937, 4 (2): 155 -161.

[46] Samuelson P A. Some Aspects of the Pure Theory of Capital [J]. *Quarterly Journal of Economics*, 1937, 51 (3): 469 -496.

[47] Thaler R H, Shefrin H M. An Economic Theory of Self - control [J]. *Journal of Political Economy*, 1981, 89 (2): 392 -406.

[48] Benzion U, Rapoport A, Yagil J. Discount Rates Inferred from Decisions: An Experimental Study [J]. *Management science*, 1989, 35 (3): 270 - 284.

[49] Keren G, Roelofsma P. Immediacy and Certainty in Intertemporal Choice [J]. *Organizational Behavior and Human Decision Processes*, 1995, 63

(3): 287 - 297.

[50] Millar A, Navarick D J. Self - control and Choice in Humans: Effects of Video Game Playing as a Positive Reinforcer [J]. *Learning and Motivation*, 1984, 15 (2): 203 - 218.

[51] Green L, Fristoe N, Myerson J. Temporal Discounting and Preference Reversals in Choice Between Delayed Outcomes [J]. *Psychonomic Bulletin & Review*, 1994, 1 (3): 383 - 389.

[52] Kirby K N, Herrnstein R J. Preference Reversals due to Myopic Discounting of Delayed Reward [J]. *Psychological Science*, 1995, 6 (2): 83 - 89.

[53] Jones B A, Rachlin H. Delay, Probability, and Social Discounting in a Public Goods Game [J]. *Journal of the Experimental Analysis of Behavior*, 2009, 91 (1): 61 - 73.

[54] Halevy Y. Diminishing Impatience: Disentangling Time Preference From Uncertain Lifetime [J]. *Ssrn Electronic Journal*, 2004.

[55] Halevy Y. Strotz meets allais: Diminishing Impatience and the Certainty Effect [J]. *American Economic Review*, 2008, 98 (3): 1145 - 1162.

[56] Halevy Y. Time Consistency: Stationarity and Time Invariance [J]. *Econometrica*, 2015, 83 (1): 335 - 352.

[57] Rae J. *Statement of Some New Principles on the Subject of Political Economy: Exposing the Fallacies of the System of Free Trade, and of Some Other Doctrines Maintained in the "Wealth of Nations"* [M]. Hillard, Gray, 1834.

[58] Senior N W. *An Outline of the Science of Political Economy* [M]. W Clowes and Sons, 1836.

[59] Böhm - Bawerk E. Positive Theory of Capital, Trans [J]. *W Smart (New York: Stechert)*, 1889.

[60] Fisher R A. *The Genetical Theory of Natural Selection: A Complete Variorum Edition* [M]. Oxford University Press, 1930.

[61] Strotz R. H. Myopia and Inconsistency in Dynamic Utility Maximization [J]. *Review of Economic Studies*, 1956, 23 (3): 165 - 180.

[62] Prelec D. *Decreasing Impatience: Definition and Consequences* [M]. *Division of Research*, Harvard Business School, 1989.

[63] Samuelson P A. A Note on Measurement of Utility [J]. *Review of Economic Studies*, 1937, 4 (2): 155 -161.

[64] Laibson D. Golden Eggs and Hyperbolic Discounting [J]. *Quarterly Journal of Economics*, 1997, 112 (2): 443 -478.

[65] Loewenstein G, O' Donoghue T. Animal Spirits: Affective and Deliberative Processes in Economic Behavior [J]. *Working Papers*, 2004.

[66] Camerer C, Thaler R H. In Honor of Matthew Rabin: Winner of the John Bates Clark Medal [J]. *The Journal of Economic Perspectives*, 2003, 17 (3): 159 -176.

[67] Helson H. Current Trends and Issues in Adaptation - Level Theory [J]. *American Psychologist*, 1964, 19 (1): 26 -38.

[68] Strotz R H. Myopia and Inconsistency in Dynamic Utility Maximization [J]. *Review of Economic Studies*, 1955, 23 (3): 165 -180.

[69] Harris C, Laibson D. Dynamic Choices of Hyperbolic Consumers [J]. *Econometrica*, 2001, 69 (4): 935 -957.

[70] Harris C, Laibson D. Instantaneous Gratification [J]. *Quarterly Journal of Economics*, 2013, 128 (1): 205 -248.

[71] Caillaud B, Jullien B. Modelling Time - inconsistent Preferences [J]. *European Economic Review*, 2000, 44 (4): 1116 -1124.

[72] Krusell P, Smith Jr A A. Consumption - savings Decisions with Quasi-geometric Discounting [J]. *Econometrica*, 2003, 71 (1): 365 -375.

[73] Hinnosaar M. Time Inconsistency and Alcohol Sales Restrictions [J]. *European Economic Review*, 2016, 87: 108 -131.

[74] Chari V V, Kehoe P J. Bailouts, Time Inconsistency, and Optimal Regulation: A Macroeconomic View [J]. *American Economic Review*, 2016, 106 (9): 2458 -2493.

[75] Kang S. The Optimal Stringency of Accounting Regulation to Alleviate

Time Inconsistency Problems [J]. *International Review of Economics & Finance*, 2017, 49: 190 -210.

[76] Schreiber P, Weber M. Time Inconsistent Preferences and the Annuitization Decision [J]. *Journal of Economic Behavior & Organization*, 2016, 129: 37 -55.

[77] Bolton P, Chen H, Wang N. A Unified Theory of Tobin' s q, Corporate Investment, Financing and Risk Management [J]. *Journal of Finance*, 2011, 66 (5): 1545 -1578.

[78] Bolton P, Chen H, Wang N. Market Timing, Investment, Financing and Risk Management [J]. *Journal of Finance Economics*, 2013, 109 (1): 40 -62.

[79] DeMarzo P M, Sannikov Y. Optimal Security Design and Dynamic Capital Structure in a Continuous - time Agency Model [J]. *Journal of Finance*, 2006, 61 (6): 2681 -2724.

[80] DeMarzo P M, Fishman M J, He Z, Wang N. Dynamic Agency and the Q Theory of Investment [J]. *Journal of Finance*, 2012, 67 (6): 2295 -2340.

[81] Grenadier S R, Wang N. Investment Under Uncertainty and Time-inconsistent Preferences [J]. *Journal of Financial Economics*, 2007, 84 (1): 2 -39.

[82] O' Donoghue T, Rabin M. Doing it Now or Later [J]. *American Economic Review*, 1997, 89 (1): 103 -124.

[83] Hsiaw A. Goal-setting and Self - control [J]. *Journal of Economic Theory*, 2013, 148 (2): 601 -626.

[84] Hayashi F. Tobin's Marginal q and Average q: A Neoclassical Interpretation [J]. *Econometrica: Journal of the Econometric Society*, 1982, 50 (1): 213 -224.

[85] Dumas B. Super Contact and Related Optimality Conditions [J]. *Journal of Economic Dynamics and Control*, 1991, 15 (4): 675 -685.

[86] Baggio M, Fackler P L. Optimal Management with Reversible Regime Shifts [J]. *Journal of Economic Behavior & Organization*, 2016, 132 (B): 124 -136.

[87] Zhang M, Chen P, Yao H. Mean-variance Portfolio Selection with Only Risky Assets Under Regime Switching [J]. *Economic Modelling*, 2017, 62: 35 - 42.

[88] Altinkihc O, Hansen R S. Are There Economies of Scale in Underwriting Fees? Evidence of Rising External Financing Costs [J]. *Review of Financial Studies*, 2000, 13 (1): 191 - 218.

[89] Chen S, Li Z, Zeng Y. Optimal Dividend Strategies with Time - inconsistent Preferences [J]. *Journal of Economic Dynamics and Control*, 2014, 46 (C): 150 - 172.

[90] Chen S, Wang X, Deng Y, Zeng Y. Optimal Dividend-financing Strategies in a Dual Risk Model with Time - inconsistent Preferences [J]. *Insurance: Mathematics and Economics*, 2016, 67: 27 - 37.

[91] Sannikov Y. A Continuous - time Version of the Principal - agent Problem [J]. *The Review of Economic Studies*, 2008, 75 (3): 957 - 984.

后　记

本书主要在非完备市场中研究了具有时间偏好不一致性的代理人在融资约束下公司的最优动态投资、资产定价、风险管理、动态契约等问题，并从代理人时间偏好不一致性的角度解释了投资不足和企业价值损失的现象。通过本书的研究，为行为金融学理论、公司投资决策理论、公司治理理论的发展提供理论支撑。本书的写作过程，让我体会到做学术研究的乐趣与艰辛。

本书能顺利出版，首先要感谢重庆大学博士生导师曹国华老师在我写作期间给予的指导，本书在问题分析、模型构建、模型求解、结果分析等都得到曹老师的大力支持。

其次，感谢重庆工商大学领导及同事给我提供的帮助，尤其是在教学上给了我很大的方便，让我有足够多的时间从事科研活动。本书在写作与修改过程中得到张维维老师、李琦老师、靳景玉老师，以及同门师兄任成林的帮助，他们在工作之余抽出时间帮忙整理图表、校对文字。没有他们的付出，本书不会这么顺利出版。

最后，特别感谢我的母亲悉心帮我照顾孩子，才让我有时间撰写、修改本书。感谢我的家人给予我的全力支持和鼓励。我衷心地祝愿他们幸福安康。

杨叶红

2020 年 11 月于重庆